あっ、そうか！気づきの子育てQ&A

50例集

乳幼児期・学童期

安部利一
Riichi Abe

まえがき

いつの時代でも、子育てに迷うことなく自信があるという親はいないでしょう。親は内面的にはいろんな思いや気持ちが錯綜し、どのように関わるか迷いが生じても、直接わが子に接する際には、判断し態度選択から言動への一連の認知行動の関わりは瞬時になされます。それは、小さい子供にとっては特に自信に満ちた親の接し方に映るでしょうが、成長した子供からは時には反撃を食らうこともあるでしょう。親はそうした子供の反応に接して、関わり方に戸惑い、反省したり、満足感から自信を深めたりして子供と共に成長していくのです。

人は人間社会や自然界の様々な刺激を受け、それらの変化や歴史に影響されながら、またそれを刺激にして生きていますが、今の時代は価値観が多様化して様々な生き方が当たり前の世の中になり、親個人の主体的な生き方や価値観が求められるため子育てに迷い悩む親も多く生まれています。

時には古い人たちからは、昔の親はしっかりしていたなどと聞かされることがありますが、それは昔の身分制度の社会や旧憲法下の軍国社会の画一的価値観の押し付けを背景にしたものであり、今日ほどの発達した文明や情報化社会ではない時代のことですから、単純に比較はできないにしても、今の親の子育ての方がはるかに大変だろうなと思います。

今日親にとって子育ての不安材料は意識すれば限りがありません。下校中の幼い命が奪われる事件が相次いだり、幼稚園児の送迎に忙しい親たちが互いに交替して携わっていたら、その親による殺害事件がありました。子供には、困ったときには人に問うなど人を信じることを教えたいのに、一方では人を疑う目も養わなくてはいけないという矛盾を抱えるのです。こうしたことから「子供を守る」地域的活動の輪も広がってきています。

私は、児童相談所で三十数年間を過ごしました。二十代の独身時代から自分の親や恩師のような人生の先輩方に対して、児童相談所の看板を背にもっともらしいことを言ったことも限りなくあります。想い起こせば恥ずかしく思うことも多いのですが、未熟者でありながらもその都度精いっぱいやっていた思いはあります。その私が成長していけたのは、数え切れないほど多くの様々な子供、親や家族、学校や地域などの関係者、職場の先輩等々との関わりで経験し教えられたお陰です。このことは、親が子供との関わりで共に成長することに通じるものだと思い、私が得た知識や経験をこうした若い親たちに還元していこうと思うようになりました。

私が住む島根県益田市に「レディスますだ」の事務所名で二人の女性が発行している月刊タウン誌「Nice to Meet You」があり、その中の「子育てQ＆A」コーナーの執筆を手伝うようになって既に十年を越え、同じような内容があるにせよ事例数は百数十になりました。

拙稿の問いかけの事例は、私が関わった中からプライバシーの保護に配慮して似通った実際の事例を組み合わせたり、アレンジしたものです。子育てには短期的・個別的目標と長期的・社会的視点からの相互の関わりが必要であり、回答はそうしたことを配慮しながら認知行動療法的観点からできるだけ具体的実際的でわかりやすく記述することに努めました。ありがたいことに読者の方々から書籍にまとめて欲しいという要望も前々から多くあり、「乳幼児期・学童期」と「思春期・青年期」の二分冊にしてそれぞれ50例を選び、若干の手直しをしてまとめてみました。

この書はその前半の部ですが、後者も合わせてお読みいただければ、今の社会情勢の中で多くの子供や親たちが真剣に生きていることも感じていただけるだろうと思います。また、内容的に真新しい考え方やノウハウもあるかも知れませんが、むしろご自身の経験や身近なところで見聞したヒントであることに気づかされることが多いだろうと思います。日々の生活に追われていると、そのことにも気づかず目の前の現象に囚われがちです。そして迷い悩みあるいは普段気になりながら時間を過ごしておられる親御さんたちも多いでしょう。そうした人たちにとって、この書が子育てヒントの気づき剤になればこの上ない喜びです。

著者

もくじ

一、乳幼児期

二、学童期（小学生期）

一、乳幼児期

1、保育所の送迎に不機嫌な一歳児

問い

保育所に預けて三ヶ月になる一歳三ヶ月の男児Mですが、最近保育所へ行く時も、帰る時も不機嫌になることが多くなりました。保育所では機嫌よく遊んでいるようです。迎えに行くと、笑顔で出てきますが、連れて帰ろうとすると嫌がります。「まだ遊びたいのかも知れないから用事を先にしておいで」と言われるので、そうしようとすると後を追います。抱えると嫌がっておきながら下ろすと、抱っこを要求する始末です。何がどうしたのかつかめなくて、こちらも終いにはイライラしてきます。どうしたものでしょうか。

回答

お母さんはあれこれしないといけないのに、何をグズるのか言ってくれれば簡単ですが、まだ片言しか言えないMくんですから大変ですね。Mくんの立場に立って原因探しをしてみたり、母親の立場になって諭してみたり、主婦の立場での生活を考えたり、あるいは勤め人の立場で職場のことなど、頭や心は一瞬にしていろんな立場を駆け巡り、ご自身で対話しながら切り替えていかないといけませんから、お母さんの気持ちをお察しします。その時の状況に応じてバランスよく上手に切り替えができればいいですが、共働きしていると、とかく朝は勤め人の立場、夕方は主婦の立場に偏りがちでバランスよく瞬時に切り替えるなんてなかなか難しいですね。

Mくんの時期になりますと、一般的に意味のある言葉が少しずつ出始めますが、言葉には表現言語と理解言語があって、後者のほうはもっと早い時期から発達してきます。「パパはどこ?」と聞けばお父さんのほうを振り向くなどでわかりますね。ですから話せなくても話して聞かせればある程度のことはわかります。表現言語に併行して、自分の意思を行動に表わしていこうとする目的意識的な活動が芽生え始めてきます。つまり目に見えているものや情況が変化する先を思い浮かべて、それに向かって行動したり、見聞したり体験したことを記憶として保持していく力の成長がみられます。でも、まだ弱いものですから、周りからの刺激にたちまち影響されてしまいます。例えば、お母さんが上手にスプーンでご飯をすくっているのを見て、自分もできそうだと思ってやってみますがうまくできませんから、双方にイライラの種を蒔いてしまいます。お母さんがこっそり手助けをしたことも気付かず、上手にすくえた時には、満足そうな顔でお母さんに見せたり、食べさせて喜びます。

これらのことから保育所の送迎時の情況を、Mくんの立場で推察してみましょう。保育所には一直線状に慣れ、適応していくとは限りません。子供によっては入所一ヶ月ぐらいすると疲れが出ることがありますが、そうした生理的なグズつきでなかったら、いきなり遊びが中断させられたことにあるかも知れませんね。「さあ、保育所に行こう。あぁ、積み木してたの。じゃあクック出してね」などと、心の準備をさせてみてはいかがでしょう。迎えに行かれた時、笑顔で出てくるのですから、『ママ、いま○○してたんだ』と報告し、そこを見て欲しいのかも知れませんよ。ところが、「先に用事してくるから」とお母さんが立ち去ろうとされると置いてきぼりにされそうなので、後を追うのはわかりますね。Mくんが遊んでいたところを見て

やってから、お連れになってみてはどうでしょう。Mくんは歩くことにも自信がついてきたから一人で歩いてみたいし、お母さんにだっこもして欲しいのですから、その気持ちを理解しての接し方が大事なようですね。

これは一部の想像に過ぎませんが、こんなことをいちいち考えて接するわけでなく、その時の情況判断は、子供の立場からのひらめきみたいなものです。共働きの子育ては、朝夕は忙しくて大人のペースで動きがちですから、子供の立場に思いを馳せることがとかくなおざりになり、結果的に子供を不機嫌にしてしまいやすいです。「忙」は心を失って気持ちにゆとりが持てませんが、ご主人とよく話しながら子育てを楽しむようにされると、Mくんの思いを共感しやすくなるかも知れませんよ。でも、簡単にいかないのが子育てでしょうね。急がないでやりましょう。

2、最近夜泣きがひどい

問い

一歳四ヶ月の女児ですが、一週間前から急に眠たいのにグズグズしてなかなか寝付かないし、寝ても突然怯えたように夜泣きもみられるようになりました。これが毎晩続くので、私も主人も昼間の職場があり睡眠不足でほとほとまいっています。どうにかならないものでしょうか。

回答

お二人で協力しながら家事や育児をやっていらっしゃるんだろうなと何となく想像されます。それでも女性の方が遥かに気遣いや労力が多くなりますよね。また、一人で何役も背負って、つまり職業人、主婦、妻、母、自身などを瞬時に使い分けなくてはいけないから、大変だなと第三者的に思う一方、女性だからできるんだなと尊敬の念も抱きます。とは申せ、親としては、明日の朝までの多くの家事など諸々の予定が連続していますから、子供がすんなり眠っ

てくれると本当に助かりますね。やっと寝付いたと思ったら、夜中に何回も起こされ、また寝かすのに一苦労ですし、それが毎晩続くのですから本当に大変だと思います。

一週間前頃お子さんにとって何かびっくりするような体験、ショッキングなことがあったかも知れませんね。

同じような事例がありましたよ。昼寝している間にちょっと時間があるからと思って買い物をして帰ってみたら、目を覚まして火が付いたように泣いていたそうです。そしたら、その晩から寝付きも悪く夜泣き（夜驚）が続くようになったのです。お母さんへの依存が強くなっていく頃になると、小さい子にとっては、寝る時にお母さんが側にいたから安心して眠ったのに、目が覚めてみたらいないのですから、びっくりしたんでしょうねえ。以来寝ることと不安感とか恐怖心が結び付いたのですね。

人間も動物ですから、動物の習性がいろいろ見られますが、それをないがしろにされると特に幼少期には問題が生じやすいようです。動物は、寝る時は最も無防備になりますから、外敵から身を守るために安全な場所に住家を作って、その奥に潜って寝ますが、人間の赤ちゃんは、それをしない代わり親の保護の下で安心して眠ることを求めるわけです。ところが、人間は知恵があるだけに、それをつい無視して眠っている間に場所を移動させたり、何かしてやろうと思うのですが、やはり寝付く時と目が覚めた時には、安心できるよう側にいてあげることが大事ですね。

就寝前は気持ちを鎮め、興奮したまま床に就かないよう配慮しましょう。そして、お子さんが気持ちよく眠れるようさすりながら優しくお話などしてあげてください。怯えたように泣きわめく時も同様で、何よりもお母さんの穏やかな対応が必要です。早く寝かせようとしますと、どうしても焦り、声も苛立ってよけいに刺激してしまいます。何か怯えた体験があったにしても、それを癒し、気持ちを和ませる優しいスキンシップが特に必要ですから、ちょっと時間は掛かるかも知れませんが、しばらくはそうしてあげてください。

あまり変化なく続くようでしたら、お子さんによっては身体的神経学的な問題も加わっていることもありますから、小児科医にご相談されるとよいでしょう。いずれにしても接し方の基本は同じですし、幼少期のこうした、特に就寝時の温かい関わりが基盤となって、人への信頼感や思いやり、安定した人格が形成されていくのです。

3、言葉の遅れが気になる一歳四ヶ月児

問い

一歳六ヶ月健診が近付くのに言葉が遅いので気になります。現在意味を解せる言葉は、マンマ、ニューニュー（牛乳など）ぐらいで、他にもそれらしいことを言って指を差したりします。こちらの言うことは大体わかります。他には絵本を見せると、私の手をつかんで絵を押さえ、その名前を言わせたり、親のすることを真似てみたりします。共働きで昼間は保育所でみてもらっており、普段十分に相手になってやれませんが、教えるように心掛けなければいけないでしょうか。

回答

一歳六ヶ月児健康診査を、子供たちの成長発達の通過試験で都会にある幼稚園の入園試験のようなお気持ちでいらっしゃるのでしょうか。これは三歳児健康診査と共に、「児童は心身共に健やかに生まれ、育ち、生活を保障され、愛護されなければならない」と親や国、地方団体

にその責任があることを説いた児童福祉法、母子保健法に基づいて制度化された事業で、現在は市町村が実施することになっています。この時期は成長発達にとって大切な節目に当たり、心身両面にわたって総合的にみていき、その結果により助言指導をしたり、精密検査が必要なら医療機関等につないでいくことになっていますから、どんなことでも気軽に相談してみられたらいいですよ。

言葉の発達には個人差があり、言い始めの遅い子はその後もずっと遅れるかというと、そうではなく、またその逆も同じですが、発達のカーブに個人差がありますから、経過をみていく必要があります。また、言葉だけが単独で発達するものではなく、様々な精神発達や運動発達などとの関係の中で促されるものですから、総合的な発達の観点でみていく必要があります。

さて、お子さんの様子を聞きますに、お母さんの真似をしたり、指差しをしたりなど月齢相応にコミュニケーションの発達もしておられますし、聴覚に問題はなさそうですから、ここ一・二ヶ月にかなり言葉が言えるようになられると思いますよ。

言葉を教えるというよりも、ある行動とか物などを通して話しかけをしていくことは大切なことです。言葉が言えるまでには、先ず理解すること（内言語）が必要です。恐らく坊やたちは日常生活の中で同じ言葉を何十回となく聞いて、行動や物とそれを表す言葉とがつながっていくのでしょう。それが表現言語に至るには、さらに言語中枢や微細な運動機能などの発達を伴うことになるのです。

言葉の言い始め頃の事例をお話ししましょう。まだ言葉の言えない自閉症の坊やですが、最初の言葉が五歳の時で「ヨイショ」でした。それは、お母さんと向き合って手をつなぎ、お母さんのおなかをよじ登り後ろへでんぐり返しをするのが面白くて毎日毎日飽きずにやっていましたが、おなかをよじ登る時に、お母さんが「ヨイショ、ヨイショ」と声掛けをしておられたのです。坊やは「ヨイショ」と言ってそれを要求するようになりました。

私の娘の最初の言葉は「サア、サア」でした。共働きをしていまして、妻がおんぶして子守さん宅へ行く時には、朝はどこも同じで忙しいですから、自分にとも娘にともなく「サア、サア行こう」と声掛けをしていたようです。妻がおんぶしようとすると「サア、サア」と言うようになりました。

こんなふうに同じ具体的な動作、行動と同じ言葉が日常生活の中で結び付いていると、坊やたちもわかりやすいのです。ところが、言葉の対象に付随して他の要素が入ると、こちらが意図して言葉掛けをしていても、坊やの視点や思いが違っていることもあります。

やはり私の娘の例で恐縮ですが、風呂に入る時は湯船におもちゃの金魚を浮かべ、私は金魚をつついては「タイタイ」（出雲地方での魚の赤ちゃん語）と言っていました。ある時、テレビにサルが温泉に入っている場面が出たら、「タイタイ」と言ったのです。

お子さんぐらいの時期は、まだ分析的あるいは選択的に物を見る力は未成熟ですから、絵本の絵は単純でよりリアルなもので、そのページにあれこれ入ってない方がいいですね。それを用いて言葉を教えるのでなく、お子さんの内言語が豊かになるようお母さんがお話をしてあげたらいいですね。

4、いたずら盛りとわかっているが叱ってしまう

問い

夫と一歳五ヶ月になる女の子Nとの三人家族です。私が休日で気持ちにゆとりがあるときは、少々のいたずらには、好奇心が旺盛で何でもやってみたいんだと受け止めてやれるのですが、普段は朝夕が忙しく相手をしてやれないから、せっかく片付けたものを散らかしたり何でもゴミ箱に捨てたり、ゴミ箱をひっくり返したりイライラの種をまき散らします。正規職員でない夫は残業で疲れて帰ることが多く、グズる娘をうっとうしがるので、イライラは倍加して夫や娘に当たってしまいます。娘にいじって欲しくないことを叱らずにわからせる何かいい関わり方はないでしょうか。

回答

Nちゃんは順調に成長発達しておられますね。いたずら期だということがわかっているだけに、温かく受容してやれないNちゃんに悪いなという気持ちがするし、あなたも本当に辛いで

すね。多忙で少しでも時間が欲しいのに、傍らから子供がつきまとったり、せっかく片付けたものを散らかされるとイライラに火をつけられる思いで、つい怒ってしまうというのは想像できます。そんなご自分に、「ああ、また怒ってしまった」と責めたくなるのもうなずけます。Nちゃんの旺盛な好奇心の時期は、当分続きますから何とか打開策を打ち立てたいですね。

生活を考えるときに、何を重点に見ていくか、その視点を生計を維持するための職場に置くか、家事に置くか、子育てに置くか、全部大事だけど欲張って完全になんて思わないことです。

Nちゃんは月日を重ねて成長発達するわけで、何年後に失敗に気づいたからもう一回元に戻ってやり直そうと思っても、年齢を元に戻すわけにはいきません。例えば、虐待などで痛めつけられて育った小学生なら学校に通いながらも、個別的には乳幼児期に遡った関わりからやり直す必要がありますから、本当に大変なことです。あなたもNちゃんが大事で何とかしたいと思ってのことですから、ぜひ子育てに中心を置いて他を考えてみてください。

Nちゃんの時期は、お父さんやお母さんのすることを真似たがるし、持っているものが欲しくなりますね。食べるのにフォークやスプーンでなく、箸を持ちたがって危ないので困りますね。お母さんがタンスを開けて洗濯したものを整理すると、後から何が入っているかなと、タンスを開けてグシャグシャにしたり、ゴミ箱にものを捨てると何でもかんでもそこに捨てたり、何が入っているかなとゴミ箱をひっくり返したりなど、大人が困ることばかりという感じですね。でも、こうしたもの真似や好奇心が成長発達の糧になるのですから、できるだけ認めてあげたいですね。ですから、先ずいじっては困るものは手の届かないところなどに管理することを心掛けましょう。やめさせたい行為のときには、Nちゃんはお手伝いが好きですから、必要がないことでも「新聞持って来てね」などと頼んで気を転じていくといいです。目についた物に意識が行くので、目をそらすことを心掛けるのです。小さい子が転んで泣いたとき、「痛いの痛いの飛んでいけ」とか「ぶつかった木の根っこさんも痛かったね、ごめんね」などとやるあれ式です。また、この頃は狭いところに興味が向いたり、何でも見立ててそのつもりで遊びますから、段ボール箱に紐をつけておくと、押したり引いたり中に入ったり、物を入れたり出したりと多彩な遊び道具になり、おもちゃの片付けにも便利です。こうしたシンプルな遊び道具を置いて、お母さんは家事をしながら声掛けをしては、遊びやお手伝いに変化をもたせるようにしたらどうでしょうか。

料理、洗濯、掃除、片付けなど家事については、その内容も含めて、ＡＢＣと手抜きのランク付けをしてみませんか。すぐ必要なこと、後でよいこと、日がずれてもよいこと、まとめてすればよいこと、また、ご主人から優しい労いの言葉があるだけでも違いますから、やはりご主人と話し合っていかないといけませんね。

気持ちにゆとりの持てないのはどこから来ているのでしょうか。今の世の中は、一部の大企業のホクホク顔を外に、不況続きで正規職員を減らして派遣会社からの派遣、パートやアルバイトが多く就職難です。働く者にとっては雇用状況が悪くても働けるだけでもいいと思わされてしまっていることが多いと思います。さらに成果主義の要件が加わり、いつ誰が解雇されるかわからない不安に駆られることもあって、職場の人間関係にも歪みが生じ、ストレスが極度に高まっているのが実態だと言われています。ご主人と話し合ってみて、もし職場関係で気になることがあったら、各都道府県の労働相談センターにフリーダイヤルがあるから相談されるといいですね。

Ｎちゃんの健やかな成長発達、そしてご家族の幸せを祈ります。

5、育児・家事に追われ虐待しそうになる

問い

一歳七ヶ月を過ぎた娘Nと三人家族です。これまでは夫の両親、義妹と同居し、昼間は娘を義母に託して、私は働きに出ていました。夫の転勤を機に、私は思い切ってこれまでの仕事を辞め、新しい家庭生活を始めたところです。ところが、娘は食事をあまり食べず、わるさをするし、せっかく片付けた洗濯物は散らかすし、泣き出したらしつこいし、寝付きは悪く、夜泣きもするし、私に付きまとうし……で、育児も家事も全く思うようにならず、夫はリストラの煽りの残業続きで、私一人でバタバタ、イライラして毎日が過ぎている始末です。義母に昼間をお願いして仕事に出ていた時の方がよほど心身共に楽で、改めて義母に感謝したい気持ちですが、みなさんがやっておられることなのに、どうして私にできないのかと情けなくなる思いや、娘を虐待しそうな不安を感じたりします。いえ、今娘をいじめているかも知れません。

回答

ご自分の仕事を辞めて、親子三人の新たな生活に切り替えるに当たっては、ずいぶん考えられたでしょうが、よく決断されましたね。決めたからにはと、ご自分の描いておられる母親像、妻像、主婦像、家庭像を追ってかなり頑張ってこられましたね。むしろ頑張り過ぎでしょう。観念的に描いていても、当初想像の中にはご主人の残業はなかったでしょうし、Nちゃんの日々の変化、具体的な行動は条件になかったことでしょうから、そのときの状況に応じてできることからやっていかざるを得ないと思います。それは決して怠けることではないのです。何よりもあなた自身が毎日の生活をきつく感じていては頑張りも続かないし、そんなでは誰だってイライラした気持ちを弱いわが子にぶつけたくなったりしますよ。

育児でも家事でも「これでいい」という限りがないから本当に大変ですよね。育児は意思をもった相手のあることですから、なおさらのことです。あなたはご自身を不十分と思っても、他の人からはやり過ぎと思われたり、他の人はよくやっているように見えても、直接話を聞いてみられたら上手に手抜きしておられることにも気付かされるでしょう。

どのようにしていったら少しでも楽になるか、ここで整理してみましょう。先に、Nちゃんとの関わりから考えてみましょう。

子供が健やかに成長発達していくのには、満たされていく必要な基本的欲求があります。ま

ず、生命を維持し健康であるための食事、睡眠、排泄などの生理的欲求です。それが気持ちよく（心理的欲求）満たされる時は、一緒に遊んだり散歩したりの相手をする時（社会的欲求）よりもお母さんの温もりを強く感じるもので、普段の心の安定にもずいぶん影響するものです。ある五歳の坊やが嫌いな時は、「ご飯の時と寝る時」と言っていました。それはお母さんが最もうるさく急かしたり押しつける時だからです。早くきちんと食べたり寝てくれると、主婦として後の仕事に助かる気持ちが働きますからね。しかし、家事は後回しにしてでもNちゃんの基本的なところだけはちゃんとしておきたいものです。

それから一般的に子供は、大人が困ることから発達の過程を経ていくのです。例えば、ゴミ箱はゴミを入れるものなのにひっくり返したり、衣服は着るものなのに脱いで裸ん坊を喜んだり、タンスは整理したものを引っ張り出したりなどいっぱい予定外の仕事をつくってくれますよね。でも、それは彼らの仕事なのです。

では、家事について考えてみましょう。あなたが普段やっておられることで、①その日にしなくては困ること、②次の日に回してもよさそうなこと、③三・四日以降でも我慢できそうなことに分類してみませんか。料理など毎日することでもその質をどの程度にしていくか、頑張り過ぎなんですから手抜きを考えましょう。今、Nちゃんにとってもそれが必要な時期ですし、どうしたら楽しくできるかを考え、切り替えていきましょう。

子育ての仲間や気軽に話のできる友達ができるといいですね。各市部の自治体では「子育て支援センター」の開設が広がっているし、地域の保健師さんや保育所の保育士さんらに話をしてみられるといいですね。ストレスを一人で抱え込まないようにしましょう。

6、人に噛みつく一歳十ヶ月児

問い

男の子で一歳十ヶ月になる私の孫のことです。両親が共働きで昼間私が面倒を看ておりますが、最近になって近所の顔見知りの女の子と遊んでいるかと思うといきなり噛みつくようになりました。家でも小一の姉や父親が側に座っていると、いきなり肩や足に噛みつくことがあります。父親は「こらっ」と言って笑っています。昔は叩いて教えたように記憶しますが、どうしたらいいでしょうか。

回答

子供のしつけについて、家族のみんなが一致してできることは理想ですが、どこでも思うようにいかないものですね。

三歳を過ぎるとある程度社会のルールがわかるようになりますから、三歳過ぎた子は、やってはいけないと知りながら人を噛むものですが、坊やは二歳前ですから「噛まれたら痛い」と

いう相手の立場がわかりません。子供同士のトラブルで噛むのは自分の意にそぐわない時の意思表示の手段が多いですが、家族の間でのことは噛むことが本人としては歯応えがいいとか、気持ちがよかったのでしょうか。あるいは噛んだら相手が騒いだのでそれが面白かったとか効果的だったのかも知れません。往々にして後者であることが多いように思います。

この頃になると、好奇心が一段と旺盛になって台所に立つお母さんを真似て邪魔をしながら食器や鍋などを並べてみたり、お兄ちゃんらの後を追っかけて同じようなことをしたがりますが、そんな中で坊やたちにとって意外性やスリルのあることは大好きです。例えば積み木を立てて帯のように並べて、将棋倒しをして見せるとか、追っ掛けっこをしていて急に逆回りをしてぶつかりそうになるのを喜んだりします。突然に人を噛むという行為もそうした遊びや関係性の一端であり、自分の働きかけで相手をびっくりさせて面白かった体験は今までにない発見であり、またやってみたくなるのもわかる気がします。ですから、その時の対応のあり方でその行為が繰り返されたり、二・三回で影を潜めてしまったりします。

噛んだ時は、「痛い！　噛んだらだめよ」と叱り、人を噛むことは「人が嫌がること」であり、それは「したらいけないこと」であることを丁寧に教えていくことはとても大切なことだと思います。

ところが、まだ小さい子のことだからと、「まあ、この子ったら……」と笑って見過ごす人もあり、中には「えっ？　叱ってもいいですか？」と意外な顔をする人もいます。また、噛むのを楽しんでいると思われるときは、表情を見ていると「やりそうだ」とわかる時もありますから、その時はさりげなく体をずらしてタイミングをはずすことはいいことですが、肩すかしをくらった坊やに対して、「どうだ、お父さんが勝ったぞ」などと遊び相手のような対応をすると、噛むことが面白い遊びになって繰り返すことになってしまいます。そんな時は、素知らぬ対応をするか、きちんと「ダメ！」と言う方がいいです。そして、坊やは関わって欲しいのですから、「あの新聞持って来てちょうだい」などと気を転じて別のことで相手をしていくようにされたらいいと思います。

昔は叩いて教えたという人も結構多いようですが、怒られたからやめるというもので、どうして叩かれたのかわからないまま恐怖心だけが突出して後へ尾を引きます。それに叩かれて育った子は、自分の要求を通すための方法や思うようにいかないときに、「叩く」という手段を学んでいくようになりがちです。「叱る」ことは、子供の欲求や指向性と対立しやすいことですから、「ほめる」ことと違って、特にまだことのわけがわからない坊やにとっては、親（大人）の意図するしつけの内面化は容易ではありません。ですから、坊やの好奇心を失わせずに、何を求めているのかを察しながら、その後の適切なフォローが大切だと思いますし、すぐ効果を期待せず、そうしたことの積み重ねで成長を待ちましょう。

最近、子供を叱れない親が増えていると聞きますが、いけないことのけじめはわからせていきたいものですし、子（孫）育ての基本は昔も今もそう変わってはいませんから、楽しみながら孫育てをしていかれますよう祈ります。

7、他家の障子を破いた二歳児

問い

二歳になったばかりの男の子Mです。知人宅を友達親子で訪問したとき、別室で遊んでいた子供たちは、遊びがエスカレートして障子破りをしたのでした。見つけたとき叱って止めさせたのですが、知人は気遣いから「子供のことだから、いいから」と、他の知人AさんやBさんからも「後で貼っておくから」と言われて、用事もあったので悪いと思いながらもそそくさと帰りました。今後こんな悪戯に興味を持つようでは困るし、その場での叱りようもあったのではないかと気持ちがスッキリしません。

回答

Mちゃんたちは互いに友達とはしゃぎ回る程遊べてずいぶん楽しかったでしょうね。つい調子に乗り過ぎて何かの拍子に障子が破けたのでしょうが、それがまた刺激となって、障子破りという新たな遊びの発見でエスカレートしたのでしょう。幼児前期の子供たちには、よくこん

なことがありますね。

幼児たちは大人の困ることから発達するとも言います。タンスを開けては、中からせっかく整理した物を引っ張り出したり、ゴミ箱をひっくり返してゴミを散らかしたり、水わるさやどろんこ遊びで服をいっぱい汚したり……等々、そうした遊びを通して健やかに成長していくものです。お母さんもそのことはよくご存じでしょうし、幼児のすることだからできるだけ大目に見ていきたいというお気持ちもお持ちだと思います。でも、その一方現実には親として困ることも事実ですね。親は子供の立場に立ったり、親の方に立ち戻ったり、瞬時に気持ちが双方を行き来し、いつも葛藤する日々だと思います。

親も人間ですからその時の都合や気分で大目

に見たり、「ダメ！」と頭のてっぺんから出るような声を張り上げたりなど理屈通りにはいかないことも現実です。しかし、Mちゃんがいつもお母さんの顔色を判断の基準にして行動するようになっては困りますから、Mちゃんにとって善し悪しの判断がしやすいよう、できるだけ一貫した態度（基準）で臨むようにしたいものです。もっとも触られたら困る物は、はじめからきちんと管理しておいて、Mちゃんの行動をいちいち制限しなくてもすむように配慮しておくことは必要ですね。

幼児期の物事についての認識の深まりは、言って聞かせるだけでなく、実際に自らの体験を重ねていくようにすることが大事です。また、幼児期には、物体でも自分と同じ生き物のように思ったりする物活思考（アニミズム思考）という発達的特徴があります。ですからお母さん方も、坊やが石につまずいてころんで泣くと、「石さんも痛かったんよ。石さんごめんね」などと日常よくこんな対応をされるでしょう。障子破りを遊びにされては困りますから、タイミングよくその場でこうしたことを応用したらいいですね。

「障子さんが痛い、痛いって泣いているよ」「障子さん、待ってね。今直してあげるからね」などと話しながら、直ぐMちゃんと一緒に障子貼りに取り掛かるといいですね。Mちゃんにはどんなことでもいいですから、お手伝いを頼んだり、貼っているところを見せることです。そして貼り終わったら「障子さん、直ってよかったね。大事にしてね」などとMちゃんと一緒に障子を「だいじ、だいじ」となでるようにしたら、より強く印象づけができるでしょうね。ただし、二重手間になるかも知れませんが、はじめからきれいにしようと思ったり、今障子紙がないから後にしようなど大人の感覚で考えないことです。これは本が破れたり物が壊れたときなども同じですね。

こうして坊やたちは物を大切にすることを覚え、その体験を重ねることによってその習慣を身に付けていくものです。

8、転居後に不安定となった二歳児

問い

私は夫の転勤に伴って今春から専業主婦に転じ、娘Nと昼間の二人生活を始めましたが、娘は私の姿が見えなくなると、「お母ちゃん」「お母ちゃん」と探し、どこに行っても私から離れません。再々パンツを汚すようになったり、食欲も落ちて時間も掛かります。これまで娘は同居の義母にみてもらい、手の掛け過ぎではないかと気になりながらも、義母の「こんなものだよ」の言葉に何となく押された感じできました。娘のこうした状況は私の接し方の問題でしょうか、新しい環境のせいでしょうか。

回答

新しいところでの生活は、大人にとっても子供にとっても地域に馴染むまでは大変なストレスだと思います。それに、お母さんも生活のあり方を変えられたばかりであり、子育てと共にご自身のこれからの生き方もどうしていくか模索中のところではないでしょうか。そして一定

の生活リズムを早くつくりたいと少々焦っておいでのように感じます。こうなると、とかくあるべき姿の思いが余計に意識され、さらに焦るという悪循環になりがちです。

言葉が発達していない幼少の子供たちは、言葉で理解できないだけに感覚は非常に鋭敏であって、しっかりと周りの状況を感じ取っているのです。そして自分の感情や思いを言葉で表現する代わりに体や行動で表現するのです。Nちゃんの今の状態は、単に環境か接し方かではなく、何もかも新しくなって戸惑いや不安でいっぱいであることが想像されますね。自分でそれを処理できませんから、寄りすがれるお母さんに助けを求めているのです。ですから、お母さんから離れないし、また、ちょうど二歳前後は対人的に再び不安（分離不安）の強くなる時期なので、それも重なりましたね。

先ず、Nちゃんの気持ちを安定させることから考えていきましょう。オシッコの失敗も食事量の減少もお母さんの後追いも、Nちゃんのこうした不安定からの一時的現象ですから、咎めたり、無理に食べさせようとしたり、早く自立させようと突き放したりなどと焦ると、Nちゃんをますます不安定にさせて状態をさらに悪くしてしまいます。唯一の拠り所であるお母さんを失うまいとして、かえってしがみつきが強くなることもあります。Nちゃんにとって不安でいる自分、期待に応えられなかった自分、泣きたい自分、甘えたい自分等々どんな時の自分でも受け止めてくれるお母さんがあって、安心していろんな活動ができます。年齢的にもまだまだ甘えたい時期ですから、Nちゃんがグズッたり、不安がったり、甘えてくる時には、優しくしっかり抱いてあげたらいいですよ。気持ちが安定してくるにつれ、次第に本来のNちゃんに戻ってきますから。

幼少期はお母さんを通して、「この人は大丈夫か否か」を判断しますから、お母さんが明るく親しそうに話しておられる人に対しては、それを観察しているNちゃんは早く親しみを示すようになります。ですから、Nちゃんが他のお子さんの中に入って遊ぶようになるには、お母さんが仲立ちをしながら一緒に遊ぶようにされたらいいですね。

生物的観点からして就寝時は不安感を抱きやすいですから、今のNちゃんのような場合には、往々にして寝付きが悪くなるとか夜泣きが生じるなどありがちです。ですから、寝る時も目が覚めた時にも、優しいお母さんが側におられるというのは、その時の気持ちを安定させるだけでなく、人としての優しさが培われていく基礎にもなります。

Nちゃんの年頃に最も大切なことは、人間としての温かな情愛を十分に肌で感じる生活であり、お母さんとの絆を培っていきたいものです。こうして人としての優しさ、思いやりの基礎が形成されていく大切な幼少期です。Nちゃんが安定するまでここしばらくは、ゆったりとした子育てに専念ですね。そして、お母さんもNちゃんと共に成長されることを祈ります。

9、母親に気遣う孫との関わり

問い

近所に住む息子夫婦は共働きで二歳過ぎの孫は保育所に通っていますが、勤務が不定時なこともあって、保育所への送迎や親が帰宅するまでは孫の面倒を見ることが多いです。おやつや食事をすることもよくありますが、持って来るおやつは、ポテトチップのような脂っこいものだったり、偏食で淡泊なものや野菜などを食べません。母親には工夫するようそれとなく注意するのですが、忙しさや苦手意識もあって「そんなのできません」と不機嫌な反応に戸惑います。その一方、私が母親に気遣う弱さもあって、孫が泣いているときにそろそろ迎えに来る頃だと思うと、ついおやつなどで機嫌を取ってしまいます。田舎では同じように孫の世話をしておられる人も多いと思いますが、そのことで話す機会はありません。嫁姑が一緒に勉強する機会でもあると共通理解がもてるのでいいと思いますが、皆さんどのようにしておられるでしょうかね。

回答

昔から嫁と姑の関係については、よく話題になることですが、実の親子でも子・孫育てのことでは世代のズレを感じさせられることも多いでしょう。適度な気遣いは必要でしょうが、一生懸命にいい子に育てたいと思って関わっておられるだけに、お母さんとの摩擦も生じると思います。お母さんも気が付いていても、忙しさで改められない自分の弱いところを突かれて痛かったのでしょう。

孫との関わりで、あなたと同じような思いを抱いておられる人達は多いと思いますが、一人であれこれ思いながら過ごすより、その人達と語り合う機会があると、ずいぶん気持ちも楽になるし、お互いにヒントを得たり勉強にもなりますね。私は、かつて児童相談所にいたときに、高齢者県の島根の施策の一環として山間部の町村に働きかけて、「孫育て講座」を開設したところ、どこでも大変好評で毎年継続して欲しいとか、他の町村からも要望が多く出されました。実際には公費での実施や忙しさもあって要望には応えることができませんでしたが、私たちも勉強になりましたので、どんなことをしたか概要をお話ししましょう。

……………

対象　幼児の孫と祖父母のペアで希望者

会場　保育所、公民館、保健センターなど

講座の中心テーマ　三回シリーズ

一回目　食生活面からの育児………栄養士

二回目　医学的面からの育児………脳神経小児科医

三回目　社会生活能力・発達面からの育児………心理判定員

講座の流れ

①幼児体操、幼児との自由遊び

②ワークショップ……＊不用品利用の玩具作り、折り紙など

＊手軽くできる幼児食、おやつ作り

③幼児食（おやつ）の試食

④各専門家の講話

⑤座談会

スタッフ

保健師、保育士、栄養士、医師、心理判定員、協力員として食生活改善推進員

……………

座談会での発言は多く様々でした。「玩具が山ほどあるが、一度に出さず飽きた頃に出す」「つくし摘みを一緒にして佃煮にしたら喜んで食べた」「昔の遊びを教えると喜ぶ」などそれぞれ工夫しておられ、「年寄り子は三文下がる」なんてとんでもありません。始め頃は「うちの嫁は……」の批判的な発言もありましたが、お互いに具体的な体験や意見交換がなされ、孫育てを反省する発言なども多く出ました。終り頃には、「お互いに顔見知りだけど、こんな話ははじめてだ」「座談会の時間が短い」などの感想を含め、母親への注文にも工夫がされたり、「母親も一緒に勉強できるといい、私たちだけでは勿体ない」と、主体的な孫育ての姿勢から、さらに「母親たちと話し合いをする機会をつくって欲しい」という要望が出されるまでに至りました。

こうした大きな催しでなくても、知り合いの方に話しかけたり、地域にある既存の高齢者のサークル、公民館活動、保育所の家族会、子育て支援センターなどに働きかけてみられませんか。

10、泣いて通そうとし我慢できない

問い

二歳になったM子のことです。夫の転勤や家庭の事情もあって、夫の実家に転居し、家族はM子の曾祖母、祖父母、叔母と私たち三人の七人ですが、夫は週末帰省です。M子はおやつを目にすると我慢できず、泣いて通そうとするし、何かして欲しい時にも、待てません。祖父母は「言って聞かせてもまだ無理だから」と言って、おやつを与えるなどで泣く子の機嫌をとります。叔母は私の味方をしてくれて助かりますが、わがままな子にしたくないし、祖父母の気持ちも思うと困ってしまいます。外でも同じ年ごろの子供たちと遊ぶのですが、すぐ他の子の持つ物が欲しくなったり、順番が待てません。まだ無理だとはわかっていますが、いつごろになったらできるようになるでしょうか。また、少しでも早くそうなるためにはどんな配慮が必要でしょうか。

回答

お母さんの立場では、普段ご主人もおられないし、舅姑さんとぶつかることもしたくないし、家族が多いと口出しの船頭も多くなって大変ですね。でも、義妹の叔母さんが理解してくださるからいいですね。自分にゆとりがないと、無理だと思いつつその場でわからせようとしたり、カリカリしたりしますね。発達的にある時期がこないと、それまでいくら焦っても、できないことはできません。それでは、ただ待ちさえしていればできるようになるかというと、そうでもないわけです。お母さんが問うておられるように、準備段階としての教えや体験などの配慮があるから、それ相応な時期になったらできるようになるのです。

例えば、Mちゃんがおやつを目にして「お菓子ちょうだい」と要求した時に、「もう少ししたらご飯だからね。ご飯がすんだらあげるよ」というような対応も、恐らくしておられるでしょう。ところがその時に、Mちゃんが泣いたとしますね。「やっぱり無理だ」と思ってお菓子を与えると、〝泣いたらもらえる〟ことにつながってしまう可能性があるのです。まだ言って聞かせてもわからないからと、要求した時にはいつでも叶えることをしていると、いつになっても我慢して待つことを覚えません。だいたいMちゃんぐらいになると、言って聞かせればある程度我慢して待てるようになります。

家族の多かった私宅では、娘のおやつの時にはみんなでお茶の時間にして、お菓子を配るの

は娘の役割で、年齢の多い方から順番に配るようにしていましたから、必然的に最年少の娘が最後になっていました。その際、「おじいちゃんはいいからMにやるよ」はしないことです。

Mちゃんが要求した時に、「あとでね」と言って待たせる場合には、なるべく具体的に「ご飯がすんだらね」「(火に掛けている)鍋を下ろしたらね」等と言うようにし、その約束は守るようにしましょう。

四歳児を対象にしたこんな実験があります。ある小父さんと部屋に二人いて、小父さんが「ちょっと用事があるので出てくるけど、目の前のお菓子を食べていいよ。もし、小父さんが戻ってくるまで食べずに待っていたら、もう一つお菓子をあげよう」と言って十五分ばかりして戻ってきます。すると、既に食べた子と食べずに待っていた子の二つに分かれます。その子たちのその後の成長ぶりにどのような差が生じるか追跡調査をしています。もちろん我慢して待っていた方が、知能指数は同じなのにいろんな面での適応状態がよいという結果が見られた（ゴールマン著『ＥＱ――こころの知能指数』講談社）のですが、何故食べたいのを我慢して小父さんを待つことができたのでしょうか？それは、それまでに待っていても約束が守られてきた体験があり、人への信頼感があって、先を見通したイメージが描けたからでしょう。

他児の持つ物に目が行ったり、遊びの順番が待てないのは、発達的に当然ですが、同じような玩具を用意して別の遊びに導いたり、お母さんが他児に「後で貸してね」等と言って、友達との関わり方をＭちゃんにわかるようにモデリングなどで積み重ねていくことです。そうしてＭちゃんは遊びの内容や遊び方が広がり、友達との遊びのルールを覚えていく準備が着々と進んでいくのです。

Ｍちゃんのこれからが楽しみですね。

11、どもるようになった二歳八ヶ月児

問い

二歳八ヶ月になる男児Kです。二・三ヶ月前にどもるような喋り方が現れ、一時よくなっていましたが、最近またみられるようになりました。最初の音を出にくそうに引っ張ったり、繰り返したりします。また、日によって調子のいいときと悪いときがあります。できるだけゆっくりと聞いてやるようにしていますが、癖になるといけないから早目に治した方がいいと年配の知人から聞きました。どのようにしたらいいのでしょうか。

回答

子供たちの成長過程では、発達的に起こりやすいいろんな症状がありますが、その大半がいつの間にか消えていくものです。Kちゃんの吃音もこうしたものだと思います。

Kちゃんたちのこの時期は言葉が急速に発達するとはいえ、その前に感性や好奇心がどんどん膨らんでいって言葉がついていかないのです。Kちゃんの吃音は、何かに感動したとき、不

思議に思ったとき、新しい発見をしたとき躍動する気持ちをコントロールしながら、思いをうまく言葉でまとめ、人に伝えていくいろんな力が、年齢的にまだバランスよく成長していないことから生じやすい症状です。しばらくは現れたり消えたりの波があり、次第にその間隔が広がって、成長と共にいつの間にか消えていくという過程がありますから、その都度一喜一憂しないようにしましょう。

それでは、単純にこれは放っておいていいかといえば、そうとばかりは言えません。どもるような喋り方が後々に尾を引かないように、いわば予防的配慮は必要です。どんなことに配慮していくかについて、次に挙げておきましょう。

(一) お母さんがゆっくり聞いてあげるようにしておられるのはいいことですね。言葉が言いにくかったり、表現に戸惑っている時せかされると、よけいに困惑してしまいます。また、いかに描く、どもった話し方でも、言葉を途中で遮られると、せっかくお母さんと心を交流させようとした意思が無視され、不満や不信感を引き起こしかねません。

(二) どもっても手助けをしたり、上手な話し方を教えないで、その言葉が出るまで気長に待っていくことです。出にくそうにしている言葉を代わって言ってやるのは親切ではなく、幼児でも自分が言おうとしているのに否定された気持ちを抱くものです。表面の言葉よりも、Kちゃんの思いを受け止めてあげることが大切ですね。

（三）どもっても、笑ったり、批判したりしないで、Kちゃんが気持ちよくお話ができる関係が保てるようにしていくことです。「自分の話し方はおかしいのだ」という意識を抱くと、発語に対して不自然な用心深さが生じ、強い緊張状態の中でお話をすることになって、ますます吃音を悪化させることになってしまいます。

（四）現在表現できる言語能力以上に高過ぎる課題を与えないことです。Kちゃんは、まだ十分舌が回らないし、不明瞭な発音はあるし、文法的にもおかしかったりだと思います。それは年齢的に当然ですから、正しい言い方を練習させるなどは、話すことに抵抗感をもたせることになってしまいます。その他、例えば興味や関心が湧かないのに、次々と言葉や文字を教えるなど過重負担を与えないようにしたいものです。

（五）気持ちをコントロールしていく力と共に表現する言葉が豊かになっていくことが大切ですから、Ｋちゃんと気持ちよく会話していく機会や絵本の読み聞かせなど多くもつように心掛けていかれるといいですね。

以上のことでおわかりと思いますが、言葉だけに囚われず、Ｋちゃんといい関係で楽しみながらの子育てをしていかれることを祈っています。

12、登園時は毎朝一騒動

問い

私どもは共働きで、三歳の男の子T男を保育所に通わせています。T男は大体自分で服の脱ぎ着が出来ますが、朝はいたってマイペースで親の思うようにはいきません。親は朝の片付けや出かける準備もしなければならず、子供には「早く、早く」「遅れるよ！　遅れたらいけんでしょ！」と急かす毎朝です。ところが、放っておけば何にもしませんし、つい大きな声になるのでT男は泣いてますます動きません。仕方なく手伝おうとすると、拒否するし……。「もう知らん！」と、放って出ようとすると、泣いて後を追ってくる始末です。どうしたらもっと素直になるでしょうか。

回答

我が家も以前は共働きで経験がありますから、朝の状況が目に浮かぶようです。ちょうど発達的にも難しい時期でもあるし、本当に朝は大変だと思います。

この時期は、何事につけても自分の意思で自分が動いていきたい時ですね。実際には出来ないことでも、当人は何でも出来そうな気がして挑戦します。ところが、大人のように早くは出来ませんし、試行錯誤でもたもたします。大人はついしびれを切らして、急かしたり手伝おうとしますから、親子での衝突です。これを大人は俗に反抗期だと言います。しかし、子供たちはこうして挑戦し、トレーニングを重ねることによって自分で洋服を着たり脱いだり、自分でトイレに行って後始末も出来たり、箸を上手に使って食事も出来るようになるのです。

ですから、お母さんがどれほどT君の挑戦や練習を受容出来るかは、これからの発達にとって大変重要なことになります。T君の行動はお母さんの心のゆとりや待つという忍耐力をまさに試しているみたいですね。それに対応するには、お母さんが生活の中で時間的ゆとりをどれほど、またどうやって作るかにも関わるでしょうね。

最近はジェンダーフリーという言葉がよく使われるようになりましたが、お父さんは、家事や育児について分担が出来る状況にありますか。前夜から朝にかけての生活の流れを変えて行く工夫は出来ないでしょうか。前夜に準備しておいていいこと、T君を含め家族の就寝や起床の時間、朝の片付けやT君への働きかけ等々誰がどの程度をどのように分担するかなど、先ずお父さんと話し合ってみてくださいね。

この年齢では、親の接し方がそのまま子供の行動に反映されやすいですね。怒鳴りつければますます反抗的になるか、萎縮していよいよ動けなくなってしまいます。T君が素直に指示に従って着衣や登園準備をしてくれると助かるのですが、T君も毎日叱られながらするのは楽しくないですね。たとえ叱られて行動したとしてもお母さんは気持を切り換えて「自分でできたね」「すごいね」などと必ずほめてあげましょう。T君はお母さんの行動を見て学んで成長しますが、お母さんの叱りつける態度も学んでいきますから、できるだけ優しさを学んで欲しいものですね。

お母さんの出勤準備の様子を見て、慌てて自分のことをしますから、お母さんが先に準備して「さあ、行くよ」と声かけしてみるのも一工夫です。お母さんは何かをしながらでも、T君に「十までに出来るかな？　一、二、三……」とか、「お母さんの靴出しておいてね。T君のは出ているかな？」などと話しかけたり、お手伝いなどで気を転じて動きに勢いをつけることも工夫ですね。一般的に自分のことよりも、お手伝いとかお世話をすることの方によく動くものです。親には、その時その場の臨機応変な対応が望まれますが、やはり時間的にも心的にもゆとりが必要になりますね。

13、読み聞かせを落ち着いて聞かない三歳児

問い

共働きで昼間は保育所にお願いしている三歳男児Fとの三人家族です。忙しくてもせめて寝る前くらいには、本を読んでやった方がいいと聞いて、ＣＤのお話を聞かせていましたが、保育士さんから母親が話すのが大切だと言われ、絵本を読んでやるようにしてきました。ところが最近は寝るどころか、おもちゃを持ち込んだり、起き上がって怪獣をやっつけるなどと動き出すのです。よくないと知りつつも「静かに寝んと怪獣みたいになるよ」などと言って聞かせたり、ＣＤに戻した方がいいかなと思ったりしますが、皆さんはどんなふうにしておられるのでしょうか。

回答

今頃は共働きの家庭が多いですが、夕方帰ってからの家事・育児の忙しさに加え、中には職場の仕事を持ち帰ってされる人もあるでしょうし、そんな家庭を想うといつも大変だなあと思

います。私も子育ての頃は共働きでしたが、平日の朝はそれこそ戦場みたいで、娘が最初に言い出した言葉は、「さあさあ」でした。それはいつも母親が急ぎながら、「さあさあ、行こうね」と声かけをしていたからです。普段どんなふうに話しかけているか、親の子に対する影響の大きさを改めて知らされる思いでした。

お母さんも大変な中で、就寝時にFちゃんに本を読んであげるなどよくやっておられると思いますよ。就寝時の母子の触れ合いは、人間の生物学的特徴から昼間の関わりよりも遥かに濃密な影響をもたらすと言われていますから、その時にどのような関わりをもつかはたいへん大切なことなのです。

読み聞かせは、CDよりもお母さんの生の声が大切だと言われるのは、子供にとって物語のストーリーそのものよりも、お母さんとの温もりのある相互関係の下での展開があるからです。保育所で集団的に読み聞かせをしている場面で、三歳児の視線や行為を調べた研究がありますが、それによりますと、読み手である保育者の声の調子が変わったり、誰かが質問や感想などを投げかけたとき、その都度保育者に視線を向けて表情・雰囲気・言葉などの反応を確認し、絵本についての自分の読み取りや解釈を深めたり、修正をしたりしているようです。これは集団での読み聞かせですが、家庭での一対一の場合には、もっと影響が濃密になると保育学者の佐々木宏子さんは言っておられます。

Fちゃんの今の様子は、まさに三歳児だなと思います。読み聞かせをしていると、主人公になりきったり、ストーリーの中にのめり込んで感じたり思ったことを体やジェスチュアで表現して、生き生きとした表象を創りあげ、さらに認知能力を伸ばしていく時期です。ある保育所での「七匹のこやぎ」の劇で、演出があまりうまく行き過ぎて、オオカミが出たら二歳児は恐れて逃げ出そうとし、三歳児は舞台に駆け上ってオオカミをやっつけにかかったとのことでした。でも、寝る前のFちゃんがこんな状況を演じたのでは困りますね。この劇のようにお母さんの演出が上手過ぎてもいけませんが、Fちゃんは、読み手のお母さんの声、表情などに影響されやすいですから、ちょっとトーンを下げてみられたら

どうでしょう。それからおもちゃを持ち込むのは、それで安定するならいいとしても、怪獣をやっつける立回りについては、「怪獣みたいになるよ」と脅すような関わりでなく、例えば「夜になったから、怪獣たちもお休みするよ。怪獣さん、また明日ね、おやすみ」などのようにされた方がいいでしょうね。

よくありがちなことですが、読み聞かせを、「……だから、いい子をしようね」などと『しつけ読み』にされることがあります。せっかく想像性や創造性を豊かにする読み聞かせであり、楽しんでいるのに親の押しつけによるオチは、子供たちの情操や認知を狭めることになりますから、欲張らないで気をつけたいものです。

お母さんも保育所などで出会われる他のお母さん方に、子供さんの様子やどんなふうにしておられるか聞いてみられるのもいいでしょう。基本的なところは踏まえて、お母さんのご家庭でできる範囲で工夫しながら、焦らないで子育てを楽しむように心掛けていきましょう。

14、食が進まない三歳児

問い

四歳前の女児Sで元気に遊んでいますが、小柄でやせ気味です。食事は小食であり、いつまでも口の中に含んで時間がかかります。三歳児健診の時や保育所からも、せめて牛乳は工夫してでも飲ます方がよいと勧められたのですが、牛乳の匂いが嫌だと言って飲みたがりません。料理の工夫もあるでしょうが、どうしたら食が進むでしょうか？

回答

Sちゃんは元気に遊んでおられるのだから、心配ないですよ。決して無理をしないことです。この年代になると興味や関心が広がり、運動量もずいぶん多くなってきますが、その割には食べないのが一般的です。食べることより遊んだ方がいいといった感じです。

それなのにお母さんが決めた量をSちゃんにとって必要な量だと思い込んで、「もっと食べておかんとお腹空くよ」「残したらだめだよ」、さらには「せっかくお母さんが作ってあげたんだから……」などと押しつけてはいませんか？　押しつけられたり叱られながらの食事ですと、交感神経が亢進されて余計に食欲が湧かなくなります。Sちゃんはお母さんの期待に応えるいい子でありたいと、口の中に入れたままではいいですが、呑み込めませんから心の中では困っているんじゃあないでしょうか。ある五歳になる男の子が、寝る時と食事の時が一番嫌だと言っていたことを思い出します。その時に親の干渉が集中するからです。

食べなければいけないと思っているSちゃんは、はじめから食卓に沢山並べられると、それだけでうんざりしてしまいそうです。全体的に少しずつにして楽に全部食べられるようにしていくと、食が進みやすいし、何よりも「全部食べたよ」という満足感と喜びを体験することによって、不全感を抱かずに気持ちの安定が図られます。ところが、親はつい欲張って「全部食べたね、それじゃもうちょっとこれだけ」などとさらに追加の押しつけをしがちですが、それはしない方がいいです。追加分は次回の食事で配慮すればいいことです。

一方それとは違ったことでは、これまであまり咀嚼しなくても食べられる物を食べつけているお子さんが、噛まないと食べられないものを口に入れた場合、こうしていつまでも口に含んでいる状況が見られます。

近年子供たちの咀嚼力が落ちてきていると言われます。咀嚼は顎のジョギングで、脳の血液の流れをよくし、脳の発達にも深く関係しています。よく噛んで食べる食卓にしていくために

は、料理の工夫はもちろんですが、模倣しながら習慣を身に付けていく時期ですから、周りの人みんながカミカミしてその雰囲気づくりをしていかれるといいですね。

また、牛乳は良質のタンパク質やカルシウムが豊富でよく勧められますが、合う人と合わない人がいます。ヒトの食性研究で知られ平成十八年に他界された島田彰夫氏（元宮崎大・医博）によると、本来牛乳は食糧の少ない北欧の食品であって、北欧人は数千年の歴史の過程で適合できる体質が形成されてきているが、日本人は離乳期を過ぎるとラクターゼ（乳糖分解酵素）の活性が弱く、下痢や腹痛の乳糖不耐症を起こす人が多いとのことです。これは単に慣れたらよくなるというものではありません。Sちゃんも体に合わないみたいですから、牛乳に代わるもので料理を工夫した方がよいようですね。

成長期のこの時期には、特に食事のバランスが必要ですし、そのための工夫がお母さんに課せられ日々大変でしょうが、そこに子育ての妙味と楽しみがありましょう。食欲にはその日によって波もありますし、気持ちよく食事ができるように配慮して、Sちゃんが健やかに成長されるようにしていきましょう。そこにはお母さんのゆとりが必要ですね。

15、エスカレートした遊びを怒鳴られてショック

問い

四歳の娘Nが、近所の三歳の男児と金魚の墓を花で飾ってやろうとエスカレートし、近くの花壇の花を摘んでいるのを近所の男の人に怒鳴られ、かなり怖かったようです。二人の子を連れて花壇の持ち主には謝りに行きましたが、以来、大人の男性に出会うと、外遊びをしていても家へ駆け込んだり、買い物などに連れて行っても母親にしがみついたり、甘えがひどくなってきました。また、時々怖い夢を見るらしく「怖い！　ヤダ！」などと叫んでいます。そのうちよくなるだろうと思いつつもちょっと長くなるので心配です。こうなったのも実は、お彼岸にNを連れて実家の墓参りのついでにお寺にもお参りしました。その時に、お釈迦さんが沢山の動物や花で囲まれた絵があり、「仏様が寂しくないように」等と話して聞かせたことで、一週間前の金魚の墓を思い出したことからのようです。

回答

ちょっとご心配ですね。でも、先ず感じたのは、感性豊かないい子育てをしておられるなあと思いました。

Nちゃんらは、金魚が寂しくないようにいっぱい花をお供えしてやろうと、優しいいい気持ちで一心になっていたでしょうね。童謡詩人の金子みすゞの詩に「金魚のお墓」があります。「暗い、さみしい、土のなか／金魚はなにをみつめてる。……静かな、静かな、土のなか／金魚はなにをきいている。……冷たい、冷たい、土のなか／金魚はなにをおもってる。……」。Nちゃんたちもそんなことを想像しながら花をお供えしていたかも知れませんね。ところが、そこへ全く予期しない雷が落ちたのですから、それはビックリだったでしょう。また、小さい子供たちにとっては、普段から聞いていなかったら野の花も花壇の花も境界が不明確で同じですよ。

これで思い出すのは、ちょっと古いですが、映画の「禁じられた遊び」です。今は映画の場面と共に流れていたギターの名曲の方がよく知られていますね。原作は一九四七年の出版で、世界十七ヶ国で翻訳されたベストセラーです。

第二次大戦の最中、ドイツ軍の侵入でパリから民衆が田舎へ逃げていく頭上から、飛行機で機銃掃射していく。幼い少女を庇って身を伏せた母親は、撃たれて息絶えた。少女は死んだ小

犬を抱えて森の中をさまよい農家の少年に出会い、その家で暮らすことになった。悲しみに打ちひしがれる少女は、少年に手伝ってもらって小犬の墓を作ることにした。「小犬がひとりでは寂しいわ」「それじゃ他の動物や虫も一緒に葬ろう」ということで、二人は虫やネズミの死体を集めてその周りに埋め、木片で十字架を作っては立ててやった。そして、二人は毎日墓作りで遊んでいるうちに、とうとう墓場から墓標の十字架を抜いて立てるようになった。それを大人たちに見つかり二人はひどく叱られた。憲兵が来て、少年の必死の懇願にもかかわらず少女を孤児院に連れていくのですが、途中誰かが呼んだ少年の名前を聞き、少年を想い浮かべると母の記憶がよみがえり、「ママー」と叫んで辺りを探し回るラストシーンで、人々の涙を

誘ってやまない名画でした。いかなる理由があろうとも、戦争による幸せは決してあり得ないですね。

Nちゃんたちの墓作りも、まさに「禁じられた遊び」でしたね。これから先も、毎日のように大なり小なり嫌なこと、辛いこと、じっと我慢しなければいけないこと、心に傷つくことなどいろいろ経験するでしょう。それを乗り越えながら逞しく豊かに成長し、社会生活に必要なルールも覚えていくのです。でも、その基盤には、心の安全基地があるかどうかが重要な背景要因となります。つまりは辛い体験、悲しい体験、ショックを受けた時、退行現象を起こすのは人間としての根源的なことであり、その感情をさらけ出しても自分をまるごと受け入れてくれるお母さんの温かい関わりがあってこそ、ストレスは解消され、傷ついた心は癒され、再び明日に向かって前向きに活動できるのです。小児科医のウイニコットは、〝抱きかかえる環境〟という包括的言葉で、子育てや精神療法の基本的なところでその大切さを説いています。

これまでのように温かい相互関係で関わっていかれたら、いつの間にかNちゃんは普通に過ごしているでしょう。

16、欲しくなったら待てない夫の連れ子

問い

双方とも離婚した身で、四歳の女児Jを連れた現夫と再婚しましたが、既に三ヶ月を越えるのにJとの関係がどうしてもうまくいきません。いつも抱えている縫いぐるみの背中は宝物入れで、触るだけで拒否します。お菓子などもらった物を目にすると、「後でね」と言っても待てず、独占しようとします。時には甘えて膝に抱かれることも多くなってきましたが、強く言うと涙も出さずに冷たい表情で睨むので、私の方がギクッとします。父親は仕事の関係で留守勝ちだし、前の母親との関係がよくなかったと聞いていますが、どう関わったらいいでしょうか?

回答

Jちゃんと早く仲良くなろうと焦るお気持ちと葛藤しながらずいぶんご苦労されたでしょうね。でも察するところ、Jちゃん自身があなたと生活を共にする以前、大人から拒否され痛め

つけられ大変な苦労を重ねて、心に深い傷を負ってきているように思われます。Jちゃんの傷ついた心を癒しながら子育てをしなければなりませんから、お母さんのご苦労は本当に大変なものだと思います。

先ず、Jちゃんがどんな心の状態かを推察し、理解して、子育ての基本的な姿勢から考えてみましょう。

我慢して待つことができないのは、欲しくなるといつでも与えられたとか、グズればすぐもらえる体験を重ねて育ったことも想定されますが、Jちゃんは人が信じられないからだと思います。彼女が注意された時の凍り付くような視線は、泣いても誰かが支えてくれるわけでなく、泣けば恐怖心がよけいに募るから必死に自分を守ろうとしているのです。トリイ・ヘイデン著『シーラという子』に出る被虐待児シーラは、大変な乱暴行為をしたため校長先生に尻を叩かれるけど泣きません。父親に殴られても絶対に泣かないと言っています。

Jちゃんは、人が信じられないから大切な宝物は自分が守っておかないといけないし、お菓子など今自分のものにしておかないと、その先は保障されない育ちをしてきたのでしょう。

お母さんは、先ずJちゃんとの信頼関係を築くことに焦点を当てて関わることが大切だと思います。Jちゃんは拒否や叱責に対して非常に過敏で、直ぐ見捨てられ不安や恐怖心につながるようですから、必ず言葉を添えてフォローしていくことを心掛けるのがいいですね。例えば

「Jちゃんがダメな子じゃなくて、していることがよくないことだよ。Jちゃんは好きだよ」等。また、行為を禁止した場合には、「ダメ！」だけではどうしたらいいかわかりませんから、望ましい行為を併せて教えるようにするのがいいですね。

お母さんは信用できる人、約束を守る人、頼れる人であることをわかってもらうことが大切です。Jちゃんが喜びそうな、例えば「片付けたら散歩に行こうね」「寝る時に本を読んであげるね」等の手短かな約束を事前に話しては、それを果たしていくようにするのもいいですね。Jちゃんは、お母さんに甘えてくるようにもなっていますから、恐らく添い寝や一緒に入浴することで緊張はなくなり、むしろ今は彼女の方からお母さんの優しさと温もりを求めて来るのかも知れませんね。そうであれば、それは愛着関係が急速に育っていくいい場面です。

Jちゃんは「お菓子はおやつの時にあげるからね」と言われても、待っていたらいいことがあったという体験の積み重ねがなければ、待つことを覚えません。信頼関係から確実に手に入ることがわかれば、後は自分の我慢できる力との駆け引きですが、手の届きそうなところにゴールが見えてくると、意外と力が出て待つことができるのです。その時にしっかりほめてあげてください。

これは大人でも同じことで、私も痛感した体験があります。約三十年前、目の病気で自然治癒力を最大限に活かすために、一日一食玄米菜食の入院生活をしたことがあります。夕方四時がその食事時間でしたが、お腹が空いてかなわないからいろんなことをして気を紛らわしては待ち遠い思いでいたのに、時間が近付くにつれ我慢することが苦痛でなくなって、食事時間を少しずつずらしていきました。すぐ食べたら二四時間先までないのですから。

まだ波もあり大変だと思いますが、時には児童相談所や保健所等に相談されるのもいいですし、焦らずにやりましょう。

17、床屋を怖がる四歳男児

問い

四歳の長男Sのことです。床屋で散髪してもらうことを納得させて一緒に行きますが、いざその場になると泣いたりして嫌がるのです。仕方なくこれまでは私が髪を切ってやっていました。以前病院に行って異様な雰囲気を感じて泣いている時に注射をされたことがあり、理容師さんの白衣が重なって想像されるのかも知れません。怖がらないようにする何かいい方法はないでしょうか。

回答

幼児達は日常生活が遊びそのものであり、小さいだけに毎日が真新しいことだらけだと思います。それは好奇心を刺激され、興味を引く等よいことばかりではなく、不快なこと、悲しいことや怖いことも経験します。楽しかったことは、得意な想像世界のゴッコ遊び等で再現し、そこでまた新たな発見や遊びの発明をするなどを繰り返していきますが、嫌なことは誰だって避けたいし忘れたいものです。幸いに幼児達は、次々と楽しい遊びを展開しながら自分の思いや感情を表出していき、嫌なことの大半は知らぬ間にどこかにやってしまいます。ところが、Sちゃんのようにびっくりするような怖いことの体験が、付随した白衣と結び付いて印象づけられると、後々まで残ってしまうことがあります。

Sちゃんは話せばわかるし、「四ツダカラ泣カナイヨ」という四歳としての誇りと自制心を持つようになってきているでしょうし、お母さんの期待にも応えたいと頭では思うのですが、いざその場になると、「白衣の人は怖い人」という思いが甦るのでしょうね。その上、後ろから頭をいじられることに意識が吸い寄せられ、Sちゃん自身には見えないから余計に不安でもあるのです。でも、そうした不安は体験的につくられたのですから、端的に言えば、今度は怖くないことを繰り返し体験していくことによってよくなるのですよ。

先ず、お母さんは、Sちゃんと人形等を用いて床屋さんゴッコを楽しむことから始めてみたらいいですね。人形ですと距離をもって遊びができますから、Sちゃんには、散髪をされる人形の方でも大丈夫でしょうが、しっかりと安心できる床屋さんを演じてもらう方がいいでしょう。

例えばこんな会話をしながらの遊びです。

「ママ、いたくない?」

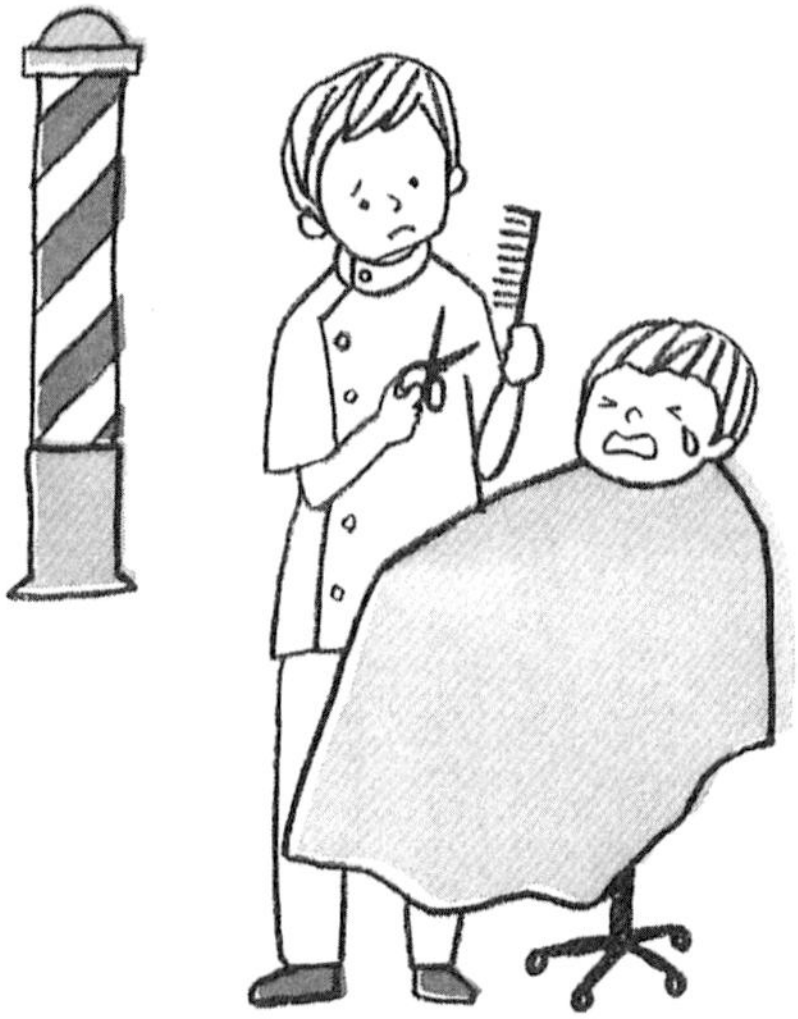

「痛くなんかないよ。上手な床屋さんだから。ねぇ、床屋さん」……

床屋「おりこうだね。ほ〜ら終わったよ」

「やっぱり、床屋さんは優しいんだね」……

等々。

　こんなふうにして、今度はSちゃん自身がカッターシャツの白衣を着た床屋さんになって、お母さんは散髪される人形に「鏡を見ておるんよ」と意識をそちらに向けることを教えたり、お母さんも人形に代わって散髪してもらい、Sちゃんがそうされる時のモデルを演じるようにします。次いで役割交替をして、床屋での事前体験をリハーサルされるといいですね。もちろんこうした遊びは、Sちゃんが興味をもつことが大事であり、決して無理押しをしたり焦らないことです。

実際にはここまでしなくても、よくなることもあるでしょうし、日数をかけて何回も遊びの繰り返しが必要であったりもします。また、先に触れたような四歳としての誇りを刺激した話し方や鏡に意識をもっていくだけで事なきを得ることもあります。これらは子供さんの状況によって違いがありますから、お母さんの状況判断ということになりますが、肝心なのは怖がったときに叱らないことですし、Sちゃんが床屋でリラックスすることです。

時にはこれらとは別に、お母さんも遊び上手になってSちゃんのこんな相手をするのもいいでしょうね。

18、保育所で乱暴、家庭ではよい子の四歳児

問い

私が保育所で担当している四歳S君は、昼寝の時に他児を踏み付けて歩いたり、遊びの邪魔をしたり他児がせっかく作った作品を壊したり、衝動的に叩いたり蹴ったりの乱暴者です。強く叱った時、一瞬手で頭を防御しようとしたり、とても険しい顔付きになります。その実お母さんが迎えに来られても、なかなか帰ろうとしません。「お父さんに叱られるよ」のお母さんの声があると、直ぐ遊びを中断して帰ります。S君は「お父ちゃんは直ぐ叩く。でもぼくが悪い子だから」と、お父さんを庇いますし、家では言うことは聞くし何ら問題はないとのことですが、最近児童虐待が問題になっており、S君はそこまではないにしても気になります。家庭の協力を得るためにどのようにしたらよいか、また保育所での配慮について教えていただけると助かります。

回答

子どもたちの様子を見ていますと、その背景に様々な家庭環境を感じますが、S君は確かに気になるような子ですね。

一般的に子どもたちは、親の温かい愛情に裏打ちされた支えがあって、様々な感情体験を乗り越えながら柔軟な心の土台を築いていきますから、少々のことでは荒れたり、落ち込まない安定した子に成長するものです。ところが、児童虐待や不適切なしつけをされている子どもは、親の支配に対する服従の関係であって、親の都合に合わなければとんでもないことになりかねませんから、親の前では絶えず顔色をうかがって親の都合の「よい子」を演じなければならなくなります。そして基本的な信頼感や安心感が心の中に培われていませんから、いつも不安と不信に満ちた世界にいるのです。ですから、保育所ではちょっとした注意でも自分の存在を脅かされて恐怖に感じたり、些細なことで腹を立てて荒れたり、何でもないことで過敏に反応し、衝動的で予測できない行動を起こしやすいです。

親から受けた行為は善きにつけ悪しきにつけ学習されますから、よく叩かれる子はやはり保育所でも同じようなことをしますね。優しくされたことのない子は、人に優しくすることができません。保育所においては、S君との関わりをしっかりもって先ず保育士さんとの信頼関係をつくることですが、不安と不信に満ちた彼ですし、クラスの人数も多いことから簡単にはい

かないと思います。そのためにも法律で定められた保育士の定数（最低基準）が、せめて欧米並になるといいですね。日本では三歳児は二十人に保育士一人、四歳以上には三十人に一人ですが、イギリス、フランス、アメリカは三歳以上が八人に一人、ドイツ、ニュージーランドでは十人に一人だそうです。

昼寝は安心感がないと眠れませんから、できれば添い寝するようにし、目覚めた時にも側にいて声をかけるようにするといいですが、寝ないから「静かにしなさい」と、離れたところから注意しますと、かえって問題を起こしやすいですね。注意する時には、S君に生じる不安や衝動を予測して彼の肩を抱きながら優しく教えるようにしていったり、踏み付けた子に対して一緒に「ごめんね」と、謝ることがいいことなんだよとわからせるようにしていくといいですね。他児の遊びを邪魔したり、嫌がることをするのは、まだ社会性の未成熟な年少組と同様に対人関係の技術や社会的モラルを学習していないのですから、体験を通して丁寧に教えることや、具体的行動でよいところや努力したことを体に触れながらしっかりほめていくことの積み重ねが大切だと思います。こうした中でS君は、世の中には安心して頼れる大人がいることを知っていくでしょうし、そのことはこれからの成長にとって大きな支えとなるでしょう。

両親との関わりは、地域の保健師さんや児童相談所などの機関にどうつなぎ、どのようにして連携していくかを考えられるのがいいでしょう。保育参観を通して実態を見てもらい、悪いところはこれまでも何回となく話しておられるでしょうから、悪いところの観点でなく、よいところを伸ばす観点で話していき、保育所でどう関わったらいいか専門家に相談していいか、了解を得られるのがいいでしょう。その上で、児童相談所の協力を求め、両親との関わりの進め方など協議されるのがいいと思います。

19、可愛がりたいのに甘えられると煩わしくなる

問い

四歳の娘と生活するシングルママです。経済観念なく暴力を振るう夫から逃れて二年が経ちました。生活に追われていることも事実ですが、娘が甘えてくるとうっとうしくて素っ気なくあしらってしまうよくない母親です。なんだか娘に私の過去が嫉妬しているみたいで、いつも寝顔に謝る始末です。

私は幼少の頃、母がいつも父に怒鳴られ、時には暴力を振るわれながら、逆らうこともなく稼業に家事に追われていた後ろ姿を想い出しますが、抱かれた記憶がありません。中学に入ってから再び再婚した母と暮らすようになり、形の上では幸せな家庭でしたが、家でも学校でもあまり人との関わりを持とうとしないくせに、自分の未来に明るい幸せな家庭を夢見ながら孤独感で独り涙していたこともありました。それなのにまた私と同じ過去を娘に押しつけ、自分で自分の足を引っ張ってしまう自分がイヤになります。

回答

ずいぶん辛い思いをしながら重い人生を、よく今日まで引っ張ってこられました。ご自分の辛い過去は過去として、新しいあなたの人生を明るい家庭とともに築いていこうとしておられる前向きの姿勢を素晴らしいと思います。話すことで自分の頭の中で堂々巡りしていたことが外に出て、改めて自分自身を距離をもって見つめ直すことができ、それによって少しずつでも何かが見えてきますよ。

あなたのような生い立ちを背負って成長された人は、往々にして人への不信感や冷えた気持ちが自分自身に対しても向けられ、希望を抱いてもどうせ夢でしかない、どうせダメな私、人に好かれるはずがない等と自分を否定的に思う傾向が強いです。いいところには目を向けず、悪いところを見つけてはやっぱりそうだと納得したりします。さあ、自分を戒めないで、辛い過去を引きずりながら今日まで精一杯生きてこられたのだから、先ずそのご自身をほめてあげてください。

誰もが練習して親になっているわけではないですから、辛く嫌な過去を卒業したいと思いながら、生活に追われ気持ちにゆとりがないと、つい自分が体験し知らず知らずに身に付けていた関わり方をしてしまいがちです。私たちは誰でも成長の過程で一番身近な親の態度・行動をモデルとして模倣的に知らないうちに学習しています。体罰による厳しいしつけは、暴力に

よって人を屈服させることを学び、冷たい関わりは冷たい関わりを学び、抱いてやらないことは抱くことをよほど特殊なこととして学んで育ちます。親を反面教師として批判的に行動できるのは、親や自分を距離をもって批判的に見たり考えたりできるようになってからです。

子供の頃、継母に暴力を振るわれたり冷たくあしらわれていたKさんが、上手に子育てをしているので聞いてみましたら、「自分がしてほしかったことをやり、嫌だったことはしないようにしている」と言っていました。そこには目の前の仕事に追われないことや、気持ちのゆとりが必要ですから、それを生み出すために、Kさんは生活の中での子育ての優先順位を上において、気になる仕事があっても割り切るように心掛けていたと思います。

あなたが思うよい母親像に近付くためには欲張らずに、できることから少しずつステップを踏んで積み重ねていけば、お母さんとしてさらに成長していけますよ。

再三子供を放置したまま男の人と遊び歩いていたNさんは、仕事に就いたのが夜の飲食店でした。スーパーで買ってきたものを子供のSちゃんに与え、Nさんは隣室で夜の勤めの化粧をして出かけ深夜に帰っていました。でもNさんに問うと、「食事のときは側にいてやりたい」と応えました。そのようにしたらSちゃんがよくお喋りをし、「いってらっしゃい」と見送るので早く帰りたくなるとの報告がありました。そしてそのうちNさんは、昼間の仕事に替わり、ある休日に手をつないだNさん母子を見掛けました。

親子は相互交流、相互作用で互いに豊かに成長しますが、やはりその基盤は親の温かな情愛であり、子供は気持ちよく安心して夜眠れることです。他を省いても、就寝時にはスキンシップしながら温かく関わってあげられたらいいですね。

20、母親の急逝で四歳の孫育て、養育上のポイントは？

問い

母親が急逝したため四歳の孫息子Nを養育することになりました。母親がいないことでかわいそうですが、年寄り子は三文下がると言われないよう心していかないといけないと思っています。寝るときには本を持って来ますので読んでやりますが、少年犯罪が相次ぐこの頃でもあり、なにせ三十数年振りなのでちょっと心配もします。特に気をつける基本的なところを教えてください。

回答

どんなことで急逝されたのか、みなさん本当にショックでしたね。Nちゃんは拠り所のお母さんがいなくなった上、生活環境も変わったから不安定な状態が生じてもおかしくないのですが、どんなですか？「死」ということを理解するにも十分でない年齢だし、お母さんが帰ってこないことをわかるまでにはそれなりの時の流れが必要ですが、それだけにNちゃんにとって

おばあちゃんがしっかり拠り所となるように安心感の抱ける関係を先ず心掛けていかれることが大事だと思います。

フランス映画『ポネット』を思い出します。各地でも上映され、NHKテレビでも放映されました。ポネットはママが事故で天国に行ったことを知らされますが、死ということが理解できません。「ママはいつか帰ってくるよ」「うそだ、ボクのおじいちゃんは帰ってこなかったよ」などと子供たちとのやりとりや大人との関わりの中でひたすらママを待ち、自分の世界に閉じこもります。やがて泣き疲れた頃、突如ママが現れ話ができて「さようなら」が言えます。夢と現実が混同されがちな幼児の世界だけに、子供時間の大切さを改めて感じさせます。主人公のポネットを演じた四歳の少女は、史上最年少でヴェネチア映画祭の女優賞を受賞したそうです。

発達的に四歳児ぐらいになると、寂しくてもその場の雰囲気から自分を抑制して振る舞ったり、話をしていけば理解して大人の期待に応えようとする面もあります。それだけにわかって安定しているからとつい錯覚しがちですが、緊張やストレスの上での行動であることを念頭に置く必要があります。もし大丈夫だと思ってそのままにしておくと、阪神淡路大震災後の大きな問題ともなった心身の不調（心的外傷後ストレス障害＝ＰＴＳＤ）のように、月日が経ってからでもそれを引き起こすことがあります。

人が生きていくための欲求には、先ず飲食や睡眠などの生理的欲求、次に安全感とか心の安定などの心理的欲求、そしてよい人間関係や社会的参加などの社会的欲求がありますが、お母さんを失ったＮちゃんにとっては、これらが脅かされたわけです。生命維持に近い欲求ほど阻害されると傷は深いですが、気持ちよく満たされるとそれだけその人の温かさが強く伝わり、拠り所となって心は安定し、思いやりも育っていきます。

Ｎちゃんが就寝時におばあちゃんの温もりと共に本を読んでもらいながら安心して眠りに就くというのは大変いいことですね。お母さんにもよく本を読んでもらっていたのでしょうね。眠っている間もおばあちゃんに保護してもらっている安心感が抱けるよう、目が覚めたときにおばあちゃんが確認できるといいですね。ついでに、既に新造語でなくなった個食、孤食といわれる人の温もりを伴わない状態は、心が育たないことがわかりますね。「ゴン狐」などで知られている童話作家の新美南吉は、お母さんを四歳で亡くしました。病身だったため子育てに関わることが少なかったと言われていますが、あれだけの共感をもって読まれる童話が書けたのは、就寝時など短時間でも密な関わりでしっかり本も読んでもらっていたのでしょうね。

童謡詩人の金子みすゞは、三歳でお父さんと死別、四歳で弟と生別し、働き手のお母さんは稼働で忙しいですが、おばあちゃんによく話をしてもらっていたようですね。

Nちゃんは年齢的にもまだ甘えたいときです。三文下がらないようにしつけをきちんとしていこうと気負わず、今後の成長の基盤となるおばあちゃんとの愛着関係をしっかりと確立していくのです。また可愛がっていることを物を与えることで示すのでなく、身の回りのことやお手伝いをしたときなどにはほめ言葉をかけるようにして、孫育てを明るく楽しむように心掛けていかれるといいですね。

21、便秘で腹痛、トイレ習慣を促された四歳児

問い

四歳半を過ぎた男の子です。腹痛を訴えるので病院に行きましたら便秘症で食べ物のことや生活リズムをきちんとするよう指示されました。それまでにも毎朝排便を促してはいましたが、トイレからはすぐ出ますし、この頃パンツに便をつけていることがあり、保育所で排便して後始末をきちんとしていないものと思っていました。保育所では時々トイレに行ってはいるようですが、少ししか出ないと言っています。

主人の会社が不況の波で厳しく、家計上私が早朝から勤務せざるを得なくなりました。そのため朝は忙しく、子供も急かされることが多くなるなど生活リズムが違ってきたことは確かですが、狭い家の中なので子供はどうしても大人の生活に影響されてしまいます。どのように工夫したらいいでしょうか？

回答

世の中の不況続きは大変なもので、企業倒産は相変わらず多く、生き残る企業は正規職員を非正規職員に切り換えて人件費を安く抑えるため貧困層はどんどん広がっています。家族を抱えるパート労働者は、家族に悪いと思いながらも、少しでも収入を上げるため早朝や夜に仕事を延長していかざるを得ない状況ですね。こうしたことは、当然家庭の生活に影響して家族間のコミュニケーション、食卓、就寝時間などに変化が生じていき、弱い立場の小さい子供はもろに影響されます。ですから、歪みを少しでもなくしていくために大人が本当に心していかないといけないと思います。

就寝時間の深夜化など生活リズムの狂いやストレスから便秘傾向の人は多く、小学六年で約半数が、女子高生は三人中二人がそうだという調査結果もあります。便秘は自律神経を乱して頭痛、腹痛、食欲不振、肌荒れなどとも関係し、小さい子の熱性のひきつけや喘息発作の際、浣腸が鎮静に役立つことも知られています。

先ず排便の仕組みをちょっと述べておきましょう。食べたものが胃→十二指腸→小腸を通って消化吸収され、残りのドロドロのカスは大腸を通って水分が吸収され固形状になって、直腸に進みます。これは胃腸のぜん動運動と大腸の強い収縮運動によって生じますが、この収縮運動は胃に食物や冷たい水などが入ったときの反射で起こります。便が直腸に入ると直腸壁が一

気に広がり、大脳に伝わって便意が生じます。

その時にトイレに行っていきむと排便できるのですが、忙しくてトイレに行かないと便意が消えてしまいます。便は直腸壁を広げたまま居座っていますから、次に便が送られてきても便意や排便刺激が弱いため、また居座ってしまいます。ところが溜まりに溜まってくると持ち切れず、粘液で肛門が刺激され、何かの運動をきっかけで便が漏れることがあります。坊やのパンツに便が付いているのは、そのことによるかも知れませんね。

では、この習慣性便秘の解消をどうして図るかです。先ず、朝食を食べて、ゆっくりトイレに行く時間をつくる工夫が大事ですね。そのためには当然就寝時間を早くする必要があります。ただ「早く寝なさいよ」と言って、傍らで大人がテレビやおしゃべりを楽しんでいたり、バタバタしていたのでは寝られません。その時間になったら大人の活動は一時中断して坊やに付き添い、気持ちよく寝られるように配慮していき、リズムに乗るまでは大人の我慢が必要です。

次に食べ物ですが、便の量を多くして腸壁を刺激するためにも食物繊維の多い穀類、野菜、海草、きのこ類を取り入れる料理の工夫をしてくださいね、大変でしょうが。でも、朝は手っ取り早くパン食でしょうが、菓子パンは腸の運動をあまり促進しませんよ。私は以前熊本市に近い「菊池養牛園」診察所の竹熊宜孝医師の下での断食の会に参加した時、会が終わったからといって、菓子パンに飛び付いたら大変な事が起こると注意されたことがあります。腸が詰まって苦しんだ人があったそうです。砂糖類は他の食べ物と違って胃からも吸収しますから、腸が動かなくてもすむのです。

それからトイレでは、お腹を時計の針と同じ方向に繰り返しさすっていくと胃や腸を刺激して、大腸の収縮運動が促されます。お母さんご自身も試しにやってみられたら要領がつかめるでしょう。

朝は急かさないでトイレに行けるといいですね。

22、駄々をこねて要求を通す四代目の若殿

問い

四代目にやっと生まれた男の子K男で五歳になります。大家族の中で寄ってたかってチヤホヤされ、わがままに育ってきているため欲しいものがあると要求はしつこく、直ぐ手に入らないとわめき散らします。買い物に出れば駄々をこねて付いて来るし、事前に買わない約束をしていても欲しいものが目に映った途端、人の出入りの多い店先で大声で「欲しい」を連発、揚げ句はひっくり返って大やんちゃです。もう恥ずかしいやら腹が立つやらですが人にも迷惑だし、結局はいけないと思いながら譲歩してしまいます。我慢する力は小さいときにつけておく必要があると、よく読んだり聞いたりするのですが、どのようにしたらいいのでしょうか。

回答

お母さんは、大家族の中で調整しながらの子育てで大変ですね。船頭が多いと子供の方も戸惑うし、結果的に自分にとって都合のいいような考え方を身に付けやすいですから、柱になる

ようなことは家族が一致して関われるようにしたいですね。

欲求は玩具など文化的社会的なものより、食事とか睡眠など生理的で生命維持に近いもの程強いのですが、これらをコントロールしていく力は、小さいときからの体験で培われていくもの（学習）です。つまり要求に対しての対応のあり様で、学習されることはいろいろです。「帰って来るまで待ってね」と言われて、ちゃんと待っていて約束通り要求が叶えられれば、親を信頼して待つことを覚えていくでしょう。「やだあ」と泣いたら、直ぐ要求が叶えられる体験をしていけば、要求を拒否されても泣けば要求が通ることを学習するでしょう。親が約束を守らなければ親を信用せず、次に「待ってね」と言っても言うことが聞けないでしょう。

K君は待てば要求が叶えられることの体験を重ね、待つことを学習していく必要があります。要求を聞き入れるか否かについては、初めにきちんと言うことが必要ですし、わがままに負けない毅然とした態度が必要です。その代わり約束はちゃんと守らなければいけませんよ。ところで、要求が通らなくて駄々をこねている時にはどう対応するかですね。子供には世間体はなく、今欲しいという一点張りですし、言って聞かせても駄目ですから、「ダメ！」と言った後は全く無視して、お母さんはその場から離れた方がいいですね。相手すると泣く子には勝てません。人前だと、無責任だと思われそうだとか、恥ずかしいかも知れませんが、お母さんの我慢が大事です。

しばらくすると、K君は「あれ？　今までと違うぞ」などと思い、やや不安も生じてお母さんの後を追ったり、機嫌取りをするでしょう。K君なりに自分の情動を抑え、どうしたらいいかを考えるのです。そうした時、お母さんは何気ない態度でちょっとしたお手伝いを頼んでみてください。K君は打って変わって素直に聞くでしょう。その時お母さんは、さっきのことをむし返すように叱ったりはせず、優しく「ありがとう」を言えばいいのです。要求に対して「家に帰ってからね」とでも言っていたなら、「よく我慢したね」とほめて、要求を叶えてあげたらいいですね。こうしたことを契機に、K君は我慢する力をつけていくと共に次第に日常生活にも変化が現れていくでしょう。

同じような事例がありましたよ。坊やが店先でひっくり返って駄々をこねるから、家に帰るまでお母さんが相手しなかったのです。すると坊やは、夜勤のため昼寝をしていたお父さんに毛布を掛けてあげたそうです。そのことをお父さんにもほめられ、それ以降一緒に買い物に行っても、駄々をこねることがなくなったのです。

K君は基本的にはおじいちゃん、おばあちゃんに可愛がられ、人の情がわかる優しい心を持ち得て育っておられると思いますから、わがままがよくなれば、きっといいお子さんに成長されますよ。焦らず前向きで頑張っていきましょう。

23、しつけの厳しさと体罰、どのように理解したらよいか

問い

私は保育所の保育士です。他児に命令して威張り、思うように他児が動かないと「死ね！」「ぶっ殺すぞ！」とすぐ乱暴な言葉を吐く五歳D君がいます。母親の話ですと、父親のそばでうろうろしたり、片付けなど指示通りにすぐに動かないと、母親にもしつけが悪いと怒鳴る父親そっくりだそうです。また四歳F君は登園やお迎えの時は、いつも表情が硬く遺尿もあり、落ち着きがなく昼寝がなかなかできません。母親は、言うことを聞かないときには叩いていいですと言います。どちらの親も小さいときのしつけが大事だから、厳しくするという考えのようです。その厳しさのありようがちょっと違うように思いますが、どのように話していいか自信がありません。

回答

保育所では、子供たちが本来の子供らしさを発揮してのびのびと過ごせるように配慮した

日々の関わりだけでなく、家庭と連携して子育てできるようコミュニケーションも必要ですが、いろんな親がいますから、保育士さんは大変ですね。

子供たちの状況を見ていると、その子が家庭でどんな状況に置かれているのか、親子関係のありようなどが想像されます。幼い子供にとっての成長のモデルは最も身近な親ですから、自分が親からどんなふうにされているかを学習します。叱られて叩かれれば、腹が立ったら叩くことを覚えるでしょうし、優しく大事にされれば、人に対して優しくすることを覚えるでしょう。保育所での状況はその反映でもあります。

学校で暴言を吐いたり粗暴な行為で対人関係のトラブルを起こす子供について、保護者と話すと「家庭では全く問題ない。学校での指導がよくないのではないか」と言われる事例に出合うことがままあります。保護者は厳しくしつけているから子供に問題が生じないとみているのですが、子供は怖いから粗暴な親に服従しているだけで、一貫した行動ではないですよね。

しつけというのは、基本的に共同生活をしていく上で成長と共に身につけていく決まり事といってもいいでしょうか。それを教え育んでいくのは、当然親であり大人ですが、先ずその前の段階で人として成長していくために基本的な人への信頼感が培われる必要があります。それには一人では全く生きていけない幼い子にとって、恐怖やいのちを脅かされることなく、変わらず自分の存在が大事にされて、家庭が安全で安心しておれる居場所であること、そうした親子関係が基盤として必要だと思います。例えば、空腹になってもおむつが汚れても、訴えれば、必ず空腹を満たしてくれたり、きれいなおむつに替えてくれる親の関わりの繰り返しがあって、親への信頼感が培われ、我慢して待つことも覚えるでしょう。

「待つ」ことは共同生活に必要なことです。お腹が空いてもご飯の時間まで待つ。滑り台の順番を並んで待つ。本を読んでもらいたくてもお母さんの台所の用事がすむまで待つなど、いろいろあります。待つことでは、かつてベストセラーにもなったD・ゴールマン著『EQ――こころの知能指数』の中にこんな実験があります。

四歳児を対象に実験者が「ちょっとお使いに行ってくるからね。待っている間に、このマシュマロを一つ食べていいけど、食べずに待っていてくれたら、二つあげる」と言って出て行って、十五分で戻ってくる。すると、衝動に負けて食べたグループと、衝動に耐えながら食べずに待っていたグループとに分かれます。二つのグループのその後を追跡調査して比較してみたら、我慢したグループが情緒的にも社会性の面でも明らかに好ましい状態にあり、高校を卒業する時点でも計画性や学業にも大きな差が生じていたとのことですが、ここで考えたいのは、四歳児に二つのグループができたのはどうしてだろうかということです。我慢グループの子は、それまでに待っていても親が約束を守ってくれ、人への信頼感が培われているが、他方はあまり好ましい体験がないということが想像されます。「待つ」という共同生活に必要なルールは、待つことによって後に続く喜びや楽しさなどのメリットが保障される体験の積み重ねによって習得されます。決して理不尽な厳しさでは培われません。

「子供が言うことを聞かない」と、不機嫌な訴えを聞きますが、子供に余裕も見通しも与えずに、遊んでいる時にすぐ片付けを指示したり、突然やめて帰ることを促したりなど、子供の思いを配慮しない大人の身勝手さもあります。我が家によく子供たちが来ていた頃、目覚まし時計のベルが鳴ったら片付けをしようと前もって約束していました。また、散歩に出たときには、「向こうのあの電柱にタッチしたら帰ろう」と、子供にも予め見通しをもたせるようにしていました。しつけは必要ですが、子供への配慮や関わり方の工夫にも、大人自身がイライラするような生活でなくゆとりが必要でしょうね。

24、障害児の子育てに迷う

問い

今春就学するN子は、身の回りのことは大体自分でできますが、対人的に無頓着で知的にも少し遅れています。就学までにせめて自分の名前が書けるぐらいには……と教えるのですが、関心を示しません。N子にはN子のペースがあると思いつつ、就学が近付くにつれ、つい周りの子に目が行ってしまい、気持ちが落ち着きません。どのようにしたらいいでしょうか。

回答

お母さんの焦る気持ちは、N子ちゃんにしっかり成長し発達して欲しいという願いからで、誰にも大なり小なり生じるものです。迷いながら、寄り道しながらいくのが子育てというものではないでしょうか。ただ、N子ちゃんの関心事や個性あるいは発達のペースと、お母さんの気持ちや努力の方向にズレがあるようですね。焦ると、とかく相手の状況を見失って自分の思いを押しつけがちになるものです。

ノーベル文学賞を受賞された大江健三郎氏は、障害を持つ御長男・光氏の子育ての経験から、障害を受容し我が子と共に歩めるようになったと思っても、また逆戻りすると言っておられます。光氏は、今作曲家として活躍しておられますが、まだ幼児であった頃、言葉はなく何事にも無関心である彼が、小鳥の鳴き声に関心を示したことを大江氏がキャッチされ、それ以降、いろんな鳥の鳴き声のレコードを聞かせたり、クラシック音楽を日常的に家庭で親しめるようにされたようですね。

知的障害の小学五年のT君はまだ文章は書けませんが、お母さんについて話したことを担任の先生が綴って、詩のコンクールに提出されたところ、県展で優秀作品に選ばれました。先生は、彼のお喋りの中に、鋭くて豊かな感性を感じられたのですね。

新聞配達を手伝っているK君は、読者の声欄についてよく話を聞いていたのですが、そのうち自分の思いを文章化する勉強をし始めました。養護学校高等部を卒業してからのことです。山田洋次監督の映画『学校Ⅱ』を見ました。暴れたりウンコを垂れ流す重度障害児と悪戦苦闘する新任教師がベテラン教師に、「教育って何ですか！　学校って何ですか！　どうしたらいいか教えてくださいよ！」とぶつけるのですが、ベテラン教師は、「俺にもわからないよ。発見するしかない」と言っています。生徒たちは教師達が予期しない意外なところで学び成長していくのですが、卒業を前にしてベテラン教師が気付いたことは、「彼らから学んだ事を彼らに返してやる、それが教育なんだ」ということでした。

障害があってもなくても発達の道筋は同じですし、順序があります。発達のテンポは違いがありますが、何よりも温かい愛情に裏打ちされた親子関係、そして人間への信頼感、しっかりと情緒が安定していることが大事な基盤ですし、知的な活動は本人の関心や好奇心が向かないと積み重ねができません。

発達を英語では、デヴェロプメントといい、「隠されていたものが、自ら外被を取り除いて姿を現してくること」を意味するのだそうです。その子らしい天分・個性に気付き、その子らしさが発展し人間形成がなされるよう、外被を取り除くための様々な場や機会とか条件を作っていくことが、教育とか子育てということになるのではないかと思います。それは他との比較や競争ではなく、その子自身をよく理解することであり、その子の良さに気付く鋭い感性と創造性が、関わる大人達には特に期待されますね。しかし、大人にゆとりがないと駄目ですね。

お母さん、長い目で見ていくとN子ちゃんらしさや良さが見つかりますよ。就学したら担任の先生ともよく相談しながらN子ちゃんの成長・発達を援助していきましょうね。

25、指しゃぶりが消失しない六歳児

問い

今春就学するK男は、いまだに指しゃぶりがなくなりません。幼稚園の先生に「このまま就学したら勉強に集中できないから、それまでに治した方がいいですよ」と言われ、気をつけて注意したり、指に絆創膏を貼ったり、いろいろやりましたが、私が顔を向けると背中を向くようになり、むしろひどくなる感じです。三歳児健診の時にも、歯並びが悪くなるから止めさせるようにと言われ、しばらくは気をつけましたが、就寝時にはそうして安定して寝るものですから放っていました。どうしたらいいでしょうか。

回答

就学を前にして勉強のことを言われると、気持ちが落ち着きませんよね。お母さんは、指しゃぶりが勉強に影響すると思われたんですね。気になるのは、むしろ勉強の方でしょうが、指しゃぶりとは直接関係ありません。勉強は就学してからのことですから、ここではひどく

なったと感じられる指しゃぶりについてお話をしましょう。

「人にはなくて七癖」という言葉がありますように、誰にもいろんな癖がありますが、指しゃぶりも、その癖の一つです。癖は一般的に無意識的に行われるものであって、他から注意されて初めて気付いて止めるが、すぐ忘れてまた同じことを繰り返してしまうものです。

指しゃぶりは、乳児期には生理的に生じますが、幼児前期にも比較的よく見かける行為です。三・四歳で大体消失するものですが、その時期を過ぎても存続していることは、その行為の奥にあるメカニズムを探る必要があるかも知れませんが、単純に言えば、気持ちが安定するからです。ですから、安定剤的役割を果たしている指しゃぶりを単に排除するだけなら、かえって不安定になるわけですから、それに代わるものが必要です。

K君はどんな時に指しゃぶりしていることが多いでしょうか。一般的に多く見られるのは、何となく退屈でボーとしている時、他児が遊んでいるのを片隅からボンヤリ眺めている時、眠くなった時、一人床に就いた時などです。指をしゃぶりながら活発に動いている姿は見かけません。

日中の指しゃぶりでしたら、「止めなさい」「ほら、またやっている」式の禁止や咎めではなく、その時は、「Kちゃん、新聞持って来て」とか「洗濯物をたたむから手伝ってね」などと誘いかけて気を転じ、K君が手伝ってくれた行動を認め、褒めていくようにしたらいいですね。その繰り返しをしていけば、ボンヤリしている時間、つまり指しゃぶりの頻度は次第に減り、手伝いの申し出や自分から遊びを見出していくことが多くなるでしょう。そうすることに喜びや楽しさを抱き、行動に自信が持てるようにお母さんが援助してあげてください。

就寝時の指しゃぶりについては、止めさせたいならそれに代わって気持ちの落ち着く癖（習慣）をつけていくことです。一つの方法では、添い寝をしてK君がしゃぶっている手の上に何気なく、お母さんの手をそっと置いたり、ほおを柔らかくさすったりしながら、お話をしたり、読み聞かせをしてあげたらいいですね。安定剤的働きが指しゃぶりだけだったのが、お母さんの手の温もりや静かなお話などが加わり、指しゃぶりの存在が次第に薄くなるのです。今度はお母さんがそうしないと寝なくなったらどうしようなんて、先の心配をされなくてもいいですよ。習慣は変化していきますし、読み聞かせは何年も先まで続けられていいことですから。

間もなくK君はピカピカの一年生になるのですが、表面に現れた現象にとらわれないで、K君の内面が育つようにゆったりと心掛けていきましょう。

二、学童期（小学生期）

1、夜尿をするようになった小一男児

問い

小一のY男は、それまでなかったのに、就学後しばらくして時々夜尿がみられるようになったため、夜半に起こすようにしました。しかし、トイレに行った後にも失敗することもあり、むしろ夜尿の頻度が多くなって来たように思い、お医者さんに受診しましたところ、精神的な問題だからと言われました。そして、薬を補助的に服用し、夕食後はなるべく水分を控えること、就寝前にはトイレに行くこと等の指導を受け、そのようにやっておりますが、状況はよくありません。どんな配慮が必要でしょうか。

回答

Y君は就学によって精神的にずいぶんストレスがかかる状況になってきたのでしょうね。学校は、それまでの保育所や幼稚園とはずいぶん違う環境ですね。きちんとしたカリキュラムや決まりも多いし、何より授業・勉強の時間が中心ですから、カルチャーショックみたいなものです。この年齢ですと親や先生を絶対視しており、几帳面で真面目なY君はご両親や先生の期待に応えて、一生懸命いい子であろうと緊張し、夜はぐったり疲れるのかも知れませんね。

睡眠中にオシッコに行きたくなると内面から揺すぶられて目が覚めるようになるのですが、睡眠が深いと目が覚める程の刺激として感じないのです。また、睡眠中は利尿抑制ホルモンの働きで、一般的には次第に朝まで排尿しなくてすむようになるものですが、これを司る自律神経は精神的ストレスに大変影響されやすく、ホルモン分泌の調節が狂って夜尿となってしまうわけです。

理屈の上では夜オシッコに行きたくなった時に起こせば、尿意を感じた時に目がさめるようになるはずですが、タイミングが外れると、尿意を感じないのに排尿の訓練をするようなものです。また、水分が欲しいのに我慢させるのも大変で、「オネショしたらいけんけぇ、我慢しなさい」等と周囲の干渉がかえってストレスを高めることにもなりかねませんし、「おねしょっ子」意識を自分で強め、他のことに対しても劣等意識を抱きかねません。

先ず背景としての精神的ストレスの軽減の配慮です。学校での勉強やその他学校生活について、「頑張ってね」「先生の話をちゃんと聞きなさいよ」等と励ますつもりで言っていることが、一層期待に応えようと緊張を高めることにつながったりします。夜は心静かに気持ちよく眠れるよう就寝時には、お母さんが枕元でゆっくりと童話の読み聞かせをされるのもいいでしょう。

忙しくてできなかったら、就寝時に握手しながら優しく、「おやすみ」と言ってあげるだけでも、お母さんの温もりを抱いて気持ちよく眠れます。

就寝中に尿意を感じやすくするために、入眠してまだまどろんでいる時にゆっくり穏やかに「オシッコに行きたくなったら目が覚めるようになるからね」等の暗示を繰り返しますと、催眠療法での暗示と似たような効果があります。ですから、わざわざ起こさないで様子をみましょう。

また、膀胱での尿の保持力を高めることや強く尿意感を体験するために、昼間トイレに行きたくなった時に、意識的に我慢する訓練をしていくといいですね。お父さんでも側について「まだよ、一、二、三……まだよ、はい、発射ぁ！」とかけ声をかけ、その時間が次第に長くなるよう結果を表に示すなどで励ましてください。

就寝前に「オシッコが出たらいけんけぇ……」とか、失敗した時に「またやったねぇ」「あんまりお茶を飲むからだよ」などと夜尿を強調した発言は、気持ちを後ろ向きにしてしまいます。「おねしょは必ず治るから、大丈夫だよ」と安心感を持たせることです。

状態の善し悪しには波がありますから一喜一憂しないで、Y君が健やかに成長するよう泰然とした子育てが大事だと思います。詳しくは児童相談所や心療面にも詳しい小児科医に相談されるとよいでしょう。

2、ぬいぐるみを肌身離さず、自分の物に執着する

問い

小学二年になる娘Nですが、寝る時も食事の時も、トイレに行く時にもぬいぐるみを側に置き、買い物などで一緒に出かける時にも離しません。さすがに学校へは持って行きませんが、いつも決めた机の上に置き、遊び道具なども場所を決めていて勝手に動かすと機嫌が悪くなります。学校では他の児童に物を貸さず協調性に欠けると言われています。私はあまり気にもならなかったのですが、たまたま来た叔母に「変わった子」と言われ、以来、別れた夫の物事に拘るところにそっくりで嫌な思いがしていますが、性格は似てしまって直せないものでしょうか?

別れた夫は機嫌を損ねると暴力を振るい、私や子供の大切な物でも破壊するなど極端でした。私は複雑な家庭環境に育ち早く自立したいと思うばかりに、つい頼れる人だと思って結婚しました。私の未熟さを反省しますが、娘には普通の子に育って欲しいと思っています。

回答

人には『無くて七癖』と言われるほど、気付く気付かないにかかわらずいろんな癖がありますが、本人は無意識的にしますから、気になるのは周りの人であって、目障りとか耳障りとか年齢的あるいは社会的に逸脱しているなど何かと連動しているから気になるものです。例えば、かつて発言の息継ぎの度に「あ〜、う〜」と言い話し方もゆったりした総理大臣がいましたが、そのために質問時間が削られてしまう持ち時間の少ない野党側は特に気になったようです。また、試験中に貧乏揺すりする人が隣にいると気になって集中できない人もいます。あるいはまた、出かける際には必ず自分がガスの元栓や鍵の点検をしないといけないという半ば強迫的な人がいて、点検を済ませて待っているのに、再度確めるから腹が立つと言う奥さんもいます。本人が止めようと思っても落ち着かなくて、ついやってしまうというなら強迫神経症になるでしょう。本人自身が気になるのには、旅行先では枕が替わるので熟睡できない過敏な人もいますが、これも自分の枕に拘泥する癖とも言えます。

このように癖とか習慣的行動というのは、何かがきっかけになることもありますが、多くが知らず知らずに同じ行為を繰り返しているうちに身に付いてしまったものです。ですから一時的には意識して中止できますが、消滅させるにはそれ相応の時間が必要であり、それに代わる不安定にならないための別の習慣を身に付けることも必要になるでしょう。でも、そうした癖

は他に支障がなく、気持ちも安定していれば別に治さなくてもいいのではないかとも言えますが、Nちゃんのようにまだ成長発達途上にありますと、自然のうちに変化することも多いですし、止めさせようと禁止すると逆に固執することを強めることもあります。

どうしてそのような癖・習慣が身に付いたか原因探しをしても、どうしようもありませんが、時にはその背景要因を知ることによってその人の現在像を理解することに通じ、その人の癖は単なる窓口であったということもあります。

Nちゃんの幼少期は、お父さんに直接暴力を振るわれたかどうかは知りませんが、目の前でお母さんが暴力にあったり、大切な物を壊されたりと、少なくとも精神的虐待を受け、恐怖の中にいたことが想像されます。安全で安心できる場、人を求めたくても、お母さん自身がそうしてやれなかったのでしょう。Nちゃんは、ぬいぐるみを自分の分身みたいにして「大丈夫だよ。私が側にいるから」等と言って聞かせていたかも知れませんね。自分を守るために玩具等の片付けも几帳面にするようになったというよい習慣も身に付けたのです。こうした行為は決して変わったことではなく、恐怖感や喪失感などショックを体験すると生体の防衛的反応として誰にも起こり得る正常な反応ですし、しかもNちゃんはその期間が長いわけです。

子供の成長にとって就寝時のありようは非常に大切です。お母さんの温もりが心に浸透しやすく精神的な安定が図られる時です。Nちゃんは、ぬいぐるみを抱いて寝るのかも知れませんが、その上にお母さんが側にいて優しくお話でもしてあげるといいですね。Nちゃんの心の中に優しいお母さんがしっかり棲みつけば、いつの日かぬいぐるみからも卒業するでしょう。

3、勉強につまずくと固まってしまう小二男児

問い

夫は低学年の頃から勉強の習慣をつけておくことが大事だと言って、次男Kには毎日勉強を促し、夫は帰宅後それを確認するようにしていますが、Kは夫の問いにわかっていても答えないで固まってしまうことが再三あります。学校でも同様で、先生から自信を持つようにしたいと言われています。夫にテストみたいなことをしないよう言うのですが、学力テストや競争主義賛成で聞きません。高校の兄がそんな父親に反発して勉強しなくなり、警察に補導された過去もあるのにです。でも、勉強の習慣はつけたいと思いますが、低学年頃は遊びも大切だとも言われているし、どのように関わったらいいでしょうか。

回答

子供たちには基礎的な読み・書き・算数力は最低限身につけさせたいですね。それは小学校の中学年位の段階までに学ぶようになっており、その頃までは、勉強はするものという規範意

識が動機付けになりやすいですが、その間に強いられて仕方なく机に向かっていたのでは、学ぶ喜びどころか勉強はいやだという印象を植え付ける危険性があります。

勉強の習慣ということは、指示しなくても自ら進んで勉強することであり、そのためには勉強の中身に興味を抱くこと、勉強の過程が苦痛でなく楽しいとか面白いこと、結果に達成感、満足感、新たな次への興味・関心を抱くなどの要因が重なるといいですね。

例えば課題が解けたり高得点を取ったときの喜びは、やかましく言われた結果でなく、自分の努力によるという意識をもつことが大事ですし、仮にうまくいかなくても頑張ったことが認められ労いの言葉がかけられると、次にやろうという気持ちを維持できるでしょう。ですから勉強を「できた」「できない」の結果の評価を重点にして、努力が認められないと、失敗を恐れ、努力する気が起こらなくなるでしょう。Ｋ君が答えに詰まって固まるのは、間違ったら困るような嫌な体験が何回となくあるからでしょうね。

近年、学校教育に企業社会の競争主義、成果主義の考え方が盛んに導入されるようになりました。平成十九年度から全国一斉学力テストが実施されていますが、文科大臣自ら競い合う教育を導入してエリートづくりをしていくものであると言っています。中央教育審議会の会長は、日本の教育は一部のエリート養成に力を注ぎ、できない子はせめて実直な精神を養えばいいと言っていました。とんでもないことです。国連の子どもの権利委員会からは、子供たちの

状況を報告した日本政府に対して、「子供たちは過度な競争教育制度による過剰なストレス状態に置かれているからそれを改善する必要がある」という勧告がありました。その五年後の二〇〇四年には、改善の努力が見られないと再度勧告がなされました。

国際比較の学力調査があります。二〇〇四年の発表によるとフィンランドが連続して世界一位となり、以前算数・理科で高い地位にいた日本はランクが下がり、特に読解力はかなり落ちています。また「できる子」と「できない子」の成績差が他国に比して大きく、できない子は仕方ないと放置されている実態が想像されます。ところでフィンランドは、競争教育を排除し少人数学級で助け合いながらわかるまで教え、他人と比較するテストも廃止したそうです。

勉強や成績にほうびを与えるやり方は、勉強の動機付けになるかも知れないと期待してやってみる人もいるでしょう。保育所児を対象に絵を描いてもらう実験によると、ほうびグループはどんどん描くけど質が落ちるし、自由時間にはほうびグループは絵を描くことが以前より少なくなったのです。

競争は一時的な学習動機づけにはなりますが、小学生対象にパズル解きの実験を見ますと、自由時間の観察では、競争グループはパズルをいじらないのに、非競争グループはパズルに関心を示していました。また、勝ち組は自分が努力したからというより、能力が高いとか運がよかったと思う傾向が強く見られました。外から強いられたり、ほうびとの交換条件では、そのときだけの勉強で持続しないどころか、それ以前の意欲すら低下させることもあるみたいです。

学習意欲の入り口には、好奇心や様々な感動体験からわかりたい、覚えたいという欲求につながるために共感的に対応した関わりが大切です。小さいときにこそ遊びを中心にそうした場を持ちたいものです。

4、祖父の死以来、母の布団に入る小二男児

問い

小二の甥Fは、慕っていた祖父が突然倒れ意識が戻らないまま亡くなって以来、三歳の妹と同じように甘えて母親の布団に入るようになりました。母親は、当初は寂しいだろうからと受け入れていたけど、二ヶ月にもなるのにこれでいいのだろうかと、不安がっています。私は「いいじゃあないの」と言っていますが、どうでしょうか。Fは初め頃は、食欲が落ち、寝付きも悪く、トイレに行くのにも一々母親に告げていたようです。実は母親である私の妹は、二年前に離婚してFたち二人の子供を連れて実家に戻り、両親と生活していましたが、世話好きの父には、それまでにも何かと頼っていましたから、これからが不安でなかなか寝付けず、薬局で軽い睡眠薬をもらっているようです。

回答

生活の上で大きな支えとなっていた人を失うことは、どんなに辛いことか、想像するだけで

も、こちらも辛くなる思いです。F君たちのご家族が早く通常の生活に戻れるといいですね。伯母さんもご心配ですね。

全く予期しない時に、突然大切なおじいさんを亡くしたのですから、ショックは大きいでしょう。私どもは、人生の中でいつかは家族との死別を経験しなくてはなりませんが、病床に伏すなどで心構えができていれば、ショックは軽く普通の生活に戻るのも早くてすみます。

こうした突然の強いショック体験、喪失体験があると心身に様々な反応が生じます。それは体験自体が尋常でないですから、当然起こるべくして起こった正常な反応ですが、回復していく一般的な過程を追いながらF君について考えてみましょう。

ショック体験の直後は、あまりに刺激が強烈なために、人によってはパニックに陥って全く混乱した行動をしたり、逆に無意識に自己防衛的に刺激を回避して無関心で無感覚な態度になったり、他人事のように冷めた行動をする人もありますが、いずれも過緊張状態です。自分も一緒に死亡した対象に直面していながら、あまりに急なことで感情がついていかず、「そんなはずはない」と否認する気持ちが起こることもあります。そして時間と共に悲しみとも怒りともつかない激しい感情が突き上げてきます。「無理させた私が悪いんだ……」「僕がもっといい子だったらよかった……」などと自責感も入り混ざるでしょう。

身体的な変調としては、頭痛、めまい、吐き気、不眠感、食欲不振、悪夢、不安などを生じやすいです。人間関係や学校場面では、親や友だちに「心配かける」「わかってもらえない」などの気持ちで話さなくなったり、感情の起伏が激しく、集中力を欠いたりします。退行現象で親に甘えたり、すぐ泣いたり、わがままな行動もみられたりします。こうした状況は、ショック体験によるストレス反応として正常なことであって、F君がお母さんに甘えて布団に入るのは当然な反応であり、お母さんが受け入れたのもよかったと思います。そうした反応に対して、「駄目じゃないの」「しっかりしなさい」などと否定したり励ますことは、かえって心を傷つける危険性がありますから、感情や思いをしっかり表出するよう受容的な関わりが大切です。そうすれば一般的には、一週間ぐらいのころが山場になって、後は徐々に消えていくものです。

ところが、F君はほとんど通常の状態に戻っているのに、お母さんの布団に入ることがいまだに続いています。それは別の要因が加わった結果でしょう。お母さん自身がまだ立ち直れず不安な面持ちでいると、子供は敏感ですから甘えることで気遣いをしていることもあります。また、小学二年の段階ではまだ甘えたい時で、おじいちゃんがいいきっかけ作りをしてくれたのかも知れません。そうしながらお母さんは、絵本などの読み聞かせをしてあげられるといいですね。

F君が慕っていたおじいちゃんは、F君の心の中にちゃんと棲みついているでしょう。灰谷健次郎著『天の瞳』では、倫太郎が尊敬していたじいちゃんは、死ぬ前に「死んでもお前の心の中にしっかり生きている。大工の棟梁として手掛けた作品があちこちにあり、そこでも生きている……」等と語ります。バーレイ作『わすれられないおくりもの』は、森の動物たちが、亡くなった長老のアナグマに教えられた思い出を語り合います。ウィルヘルム作『ずーっとずっとだいすきだよ』は、愛犬が年老いて亡くなるが、その存在の温もりが心の中で生き続ける話です。

なお、お母さんご自身、薬剤調整や心のケアのため一度精神科医に受診してみられるのがいいかも知れませんね。

5、隠れていたずらを繰り返す小二女児

問い

小二の長女Kの学校でのことです。日直当番で書く日誌が見つからないと言うので手分けして探したら、途方もないところで見つけたのがKであり、上靴の片方が見えなくて探したときも最初に見つけたのがKだったようです。時を同じくして、女子トイレの便器の外に再三オシッコした跡があり、他児童に混じって言ってきたのもKだったことから、先生がそれとなしにKに問うたところ、ワンワン泣き出して「さびしいもん」と言っていたようです。

私は育児休暇を終えて職場復帰をしたところで朝晩が忙しくなり、Kには「お姉ちゃんだから」と一歳の弟の面倒をはじめ、何かにつけ頼んだり指示することが多くなった反面、相手してやれなくなったことは確かです。教師の夫は普段から仕事を持ち帰って夜遅くまでやり、土日でも部活動やら何やらで留守が多く、最近は特にイライラが多くなりKにとっては怖くて近寄れない存在です。どう打開していったらいいでしょうか？

回答

小さい子を抱えての共働きは、それだけでもほんとうに大変ですけど、お宅のような家庭では、する仕事をランクづけで分類してできるだけ手抜きと簡素化を図っていかないと、本当に大変だと思います。

学校現場は、授業や部活動以外に授業の準備や校務が多いですね。休憩時間や昼休みにも児童生徒の出入りやデスクワークで、他の職場のような休憩は取れませんし、放課後は部活動など机に向かう時間が取れず、いつも仕事を持ち帰らざるをえないようですが、一般の人にはその実態がなかなか見えにくいですね。

Kちゃんの年齢になると、指示しなくても自分のことはするし、いろんなお手伝いもできるから、親の手を離れて自立しているとつい錯覚してしまいます。忙しいと特にそうなりがちで、「姉ちゃんがいたらいいな」と言う子に時々出会います。生活が大人のペースで進み思うように子供が動けば当たり前で声もかけず、動かないと「どうしたの？」とか注意したりして関わることになりますから、子供はグズることで相手してもらえることを覚えるようになります。「忙しい時に限ってこうなんだから」という言葉をよく耳にしますが、叱られながら甘えるという歪んだ甘え方を学習するわけです。

そうしますと一方では、子供は親の指示に従い期待に応えるいい子でありたいですから、表

立った社会適応は大人の気に入る素直で真面目な行動をしますが、甘えたい気持ちは素直に表されなくて、気を惹くような隠れた行動に化けることが生じるのです。頭と心が矛盾したこんな情況がKちゃんのように思われます。

従って、Kちゃんがして当たり前と思われる行動でも、頼まれたことでも、「してくれてありがとう」「自分からやったんだね」などKちゃんの行動結果に声かけをしてあげることが大事です。そうすることによって自分に関心を持って関わってもらっている実感が抱けるし、望ましい行動規準を学んでいきます。また、日常的にKちゃんがどんな思いでいるか、感情を言葉で表現するのは難しいですが、お母さんが聞き上手になってKちゃんの話を引き出していけたらいいですね。

理屈ではわかっていても、忙しいとなかなか相手してやりたくてもできません。どこかでその埋め合わせをしてやりたいと思われるのは、親として誰しも同じでしょう。子供が最も安定を求め感じやすい時は、就寝時ですから、この時にわずかな時間でも側に寄り添ってお話などで温かく関わると、その日に体験した嫌な思いも消え、お母さんの温もりがしっかりと心深く浸透するでしょう。

ちょっとご主人のことが気になるので追記します。二〇〇四年一月末に大阪高裁は、三十六歳で亡くなった教師の脳梗塞について過労死認定の判決を下しました。大阪高裁へ提出された教職員の生の声をまとめた冊子のタイトルが『ゆっくりできるのは死ぬ時かな?』です。子供を教育する尊い職の美名の裏には、自分の家庭や子供、我が身が犠牲になっていることが意外にあるのです。ご主人も過労と高いストレス状態にあるような気がしますから、一度健康チェックをしてもらわれた方がいいかも知れませんね。

6、我慢強い子に育てたい

問い

相次ぐ中学生のナイフ殺傷事件や小学校の学級崩壊などのテレビ放映を見ると、彼らはいわゆる普通の子だと言われ、最近は子育てに不安をもたらす情報ばかりで自信が持てなくなります。うちの子（小二、四歳、一歳）や周辺の子供たちを見ていても、根気とか我慢する力が弱いように思いますし、基本的には大切なことだと思うのですが、どのようにしたらいいでしょうか。

回答

子供社会が崩れているという問題は、企業社会を中心に据えた大人社会に大きな背景がある社会病理現象だと言われています。エリート志向の受験教育もさることながら、ルールなき競争社会での政・官・財の癒着、退廃文化の蔓延や犯罪などの腐敗が、マスコミの効果も加わって急速に都会も田舎もなく社会全体に広がっています。最近はどんな子でも不登校を起こす可

能性があるとか、普通の子でも「キレる」し、「いい子」でも非行すると言われ、しかもどうしたらいいか先の見えない情勢ですから不安ですね。

今の学校・家庭教育のあり方が問題で、昔の方がきちんとした秩序があってよかったと言って、個性とか人権を抑圧する古い考え方を復活させようとする動きもありますが、これは一面的にしか捉えておらず、危険なことだと思います。

子供はオギャアと生まれた時から、思い通りにならない様々なことにぶつかりながら成長していきますが、この過程でどのような体験を繰り返していくかが、性格形成や適応行動にとって大きな課題です。その中であなたがおっしゃるように、我慢する力を身につけていくことは、非常に大切なことだと思いますので、そのことに絞って考えてみましょう。

数年前に『ＥＱ――こころの知能指数』という翻訳本が出ました。社会で成功する力はＩＱでなくＥＱ（感情指数）だと銘打って、ベストセラーになりました。その中に次のような実験研究が紹介されています。

四歳児を対象に、「おじさんはちょっとお使いに行ってくるから待っていてね。その間にこのマシュマロを食べてもいいよ。もし食べずに待っていたらもう一つあげよう」という衝動・欲望と抑制の葛藤の実験です。食べないで待っていた子供たち（Ａ）と食べた子供たち（Ｂ）について、十数年後の追跡調査の結果、Ａグループの方が、プレッシャーにさらされても狼狽することなく、対人能力や計画性に優れ、信望の厚い青年に成長していたという報告です。ＥＱは幼少期に定まってしまうのではなく、その後繰り返される体験の中身によって変化しますが、衝動を抑制する力は、健やかな成長にとって大きな基本的要因であることは確かです。

ところでＡの子とＢの子の我慢強さの差はどのようなことから生じたのでしょうか。Ｂの子は、親が「ちょっと待ってね」「後でね」などと言って忘れたり、約束を守らなかったことの積み重ねが多いので、「どうせおじさん（実験者）もそうだろう」と不信感を抱いたのかも知れません。親から離れて保育所にいられるのも、親が迎えに来ること（目標）が体験的にわかっている（信頼感）からです。

また、我慢したり努力できるのは、その結果、目標（喜び）に到達できそうな展望が体験的に持てるからです。登っても登っても、『ジャックと豆の木』のように先が見えなかったら頑張れません。大人が子供の現在の頑張る力や能力を見極めず、期待過剰で一方的に高い目標を与えることは、「どうせダメだ」と初めからやる気を削いだり、自信を失わせる結果となりがちです。元オリンピック・マラソン選手で今高校や大学の監督コーチをしている中山竹通氏は、練習を毎日継続することが肝心で、部員のそれぞれが現在のレベルに照らしてクリアできる練習メニューを段階的に組み立て、効果が上がれば（成功感）選手は変わっていくと言っておられます。その過程には中山氏の励ましやプラス評価もあるわけですが、頑張ればできるという自己有能感を体験的に持たせていくことが大切ですね。

抽象的な話になってしまいましたが、お子さんの日常生活の中で配慮していかれるためのご参考になれば幸いです。

7、ナイフを取り合う小・幼兄弟

問い

よく喧嘩をする小二と五歳の孫（男）のことです。兄弟のことだから少々のことは放っていますが、道具箱から夫（孫の祖父）が昔使っていた工作用のナイフを見つけ、二人が取り合いでまた喧嘩です。取り上げたのですが、格好いいと言って持ちたがります。両親は共働きで、父親は単身赴任ですし、中学生のナイフ事件が相次いでいるので不安です。

回答

兄弟喧嘩ができるというのはいいですね。小さい時から自己主張をしてぶつかり合うのは、お互いの気持ちや思いがわかるし、人間関係のあり方を学んでいく大変大事な体験ですね。しかもそれをよくご存じで、少々のことは見守って、お孫さん二人に任せておられるというおばあちゃんがすばらしいですね。

兄弟だとぶつかり合っても、子供なりに解決策を見出していくものですが、その前に直ぐ大

人が、「お兄ちゃんだから少しは我慢しなさい！」「何でもかんでもお兄ちゃんと同じことをせんでもいいでしょう！」などと割って入りその場を押さえると、お互いに不満が残りがちです。欲求・感情をコントロールする力や対人関係を処理していく力は、知識や理屈ではなく体験的学習の積み重ねによって培われるものです。自分たちの力で解決した体験がないと、外で喧嘩に発展してもその頃合いがわかりません。兄弟関係など家庭での生活は、外での人間関係などをうまくこなしていくための訓練の場でありその機会となりますね。

次にナイフの件ですが、中学生のナイフ殺傷事件がテレビニュースになると、それに煽られたかのように相次いでいますね。文科省は持ち物調査やナイフを持ち歩かない指導について教育委員会を通じて各学校に通達を出しました。現象だけを見た全く付け焼き刃的な対処ですが、昔は鉛筆を削ったりする肥後守という折り畳みナイフや工作用の切り出しナイフを、みんなが持っていました。喧嘩もしましたが、ナイフや物を用いることはしませんでした。もし手にしたら、その時点で負けであり、周りが許しませんでした。それは誰にも一度や二度といわず自ら指を切って痛い思いをしたり、血を見てびっくりした体験があり、ナイフの恐ろしさをよくわかっていたからですが、今の子供たちは頭で知っているだけで体でわかっていません。ですから刃物の渡し方を知らない子が多いですよ。

子供たちは、テレビ、マンガやテレビゲーム等の影響が強く残忍性も観念的に慣らされたり、ナイフへの好奇心も煽られていると思いますが、刃物を持てば当然使ってみたくなるものです。「おばあちゃんたちは、こんなふうにして鉛筆を削っていたんだよ」と実際にやって見せ、お孫さんにもやらせてみてはどうですか。そして正しい使い方や刃物の取り合いの危ないことを教えるのです。お父さんが帰省されたら竹トンボ、竹串、板舟づくりなど何か一緒にされるといいですね。お母さんには、果物の皮剥きを教えてもらうのもいいでしょう。危険なことを避けていると、好奇心はますます募って隠れてやりますから、かえって危険です。子育てには勇気とじっと見守る忍耐が必要ですね。

ナイフ殺傷事件に関連して新聞投書が多くありますが、中二の少女が、「……今の教育は、三割がわかればいい授業で、やることが多過ぎ、教師も生徒も親もストレスでイライラしている……」と述べていました。子供たち一人ひとりがどんな思いでいるか、先生が毎日順番に十分でも五分でも耳を傾けてやる時間を作られるといいと思いますが、それにしてはクラスの人数が多過ぎますし、先生は忙し過ぎますね。

こうした少年非行をテーマに『心の健康会議』（一九九八年）があり、基調講演で臨床心理学者の故河合隼雄氏が、「……思春期は押さえ切れないほどの強い衝動性を持つが、一線を越えそうなときに誰かと繋がっているか（母の顔、おばあちゃんの言葉が浮かぶ等）否かが大きい」と言っておられました。このことは、子供たちにとって自分がアテにされ、人間として大事にされているという実感が抱けることであり、そうであってこそ相手をも大事にできるのですから、温かく気持ちのよい子（孫）育てを祈っています。

8、万引の片棒で口止め分をもらった小三男児

問い

小三の独り息子のことです。与えたこともない玩具等を幾つか持っているので、問い詰めたところ、近所の高学年のA君に万引の見張り役をさせられ、口止め分として貰ったことがわかりました。A君の親御さんとも話し合い、子供を連れて共にお店へ弁済と謝りに行きました。相手が上級生とはいえ、息子Fは「悪いことだと思ったけど、どう言っていいかわからんかった」からと、黙って従うのだから腹が立つより情けなくなります。普段でも、同級生に玩具を貸したのに返してくれないとか、カバンを持たされたりなど誘いや要求に対してイヤと言えない気の弱さを抱えています。どのようにしていくと自己主張できるようになるでしょうか？

回答

最近は子供にまつわる奇怪で不安と恐怖をもたらす誘拐事件や殺害事件などが全国のいたるところであり、子供のいる家庭にとって安閑としておれない世の中になりました。わからない

時や困った時には、人を信じて尋ねたり頼ることを覚えて欲しい一方では、全く逆に人を疑うことも覚えて欲しいという矛盾した新たな難しい子育てが求められます。相手が大人の場合には、ちょっと違ってきますが、子供にとって判断したり行動する際の基準をしっかり身に付けさせたいし、そのためにどのようにしていったらよいかということと、どこか関連するように思われます。

先ず、万引のことについては適切に対処されたと思います。小三辺りの年代では、まだしっかりした道徳意識は形成されませんから、親が一貫して毅然とした態度を示して教えていくことが必要です。子供は親のそうした態度をモデルとして学んでいきますが、成長過程では、失敗や間違いも繰り返されることであり、その都度丁寧に教え対応していくことが求められます。

さて、気弱な性格ですと、相手が同級生であっても強く言われると気迫に押されてしまって、考える間もなく不承不承、要求を呑んでしまいがちです。後になって親の方は、「自分が嫌なことなんだから、その時ははっきり断りなさいよ」とよく言いますが、F君も言うように、その時にはどう言っていいか言葉が浮かばないし、またそれが言えないからのことです。気弱な性格を強くするというのも、難しいことです。ではどうしたらいいでしょう。

気弱な性格ですと、自分から友達を誘うとか集団の中で積極的な発言や自己主張する体験が必然的に少なく、壁にぶつかることも、乗り越える体験も少ないのですから、どう対処するか所持する術も結果として乏しいわけです。そのことからまたひっ込んでしまうという悪循環になるのですが、この悪循環を断ち切る手立てを講じなくてはいけません。その一つの方法として、具体的な適応技術を幾つか覚える練習の機会をつくるといいですね。

例えば、F君が友達から「このオモチャ借りるぞ。なあ、いいだろ」と強く言われたとします。はっきり「イヤ」と言えないF君が口ごもっていると、友達は持って行くかも知れませんね。さあ、どうしたらいいか、F君に聞いてみてください。お母さんもいろいろな対案を考えてみてください。そして、寸劇の台本や議会答弁の問答集のような簡単なものを作るといいです。例えば、F「いけん」、友「明日返すけ、いいだろ」、F「持って帰らんといけんことになっているもん」、友「ケチッ」、F「お父さんに言われているけ」等々。F君の言いやすいセリフを用いて、お母さんと実際にリハーサルをしておくと、F君は心強く思うでしょう。

このような訓練を社会的スキルトレーニング（SST）と言いますが、学校では総合学習の時間などに継続的に応用して子供たちの適応力を高めたり、友達関係によい変化をもたらしているところもあります。また、私は、精神科デイケアでSSTに携わっていますが、通っているメンバーの一人から、「新聞の勧誘に来られたが、断る練習をしていたからよかったです」という報告もありました。

F君はまだ小三ですから、判断の基準や拒否の理由に親を全面に出してもいいと思います。また、まだ体験的学習が主な時期ですから、自ら体験する様々な機会をできるだけ多く持てるといいですね。それが基礎となって自信感を抱けるようになります。

9、爪噛みや夜驚、寝ぼけが急増した小三男児

問い

長男Sは小学三年になって学校で注意されることが多くなっていましたところ、悪ふざけがエスカレートしてガラスを割り、側にいた友だちが怪我をしました。当然のこととして先生にきつく注意され、帰っては父親にこっぴどく叱られましたが、それ以来、毎晩のように何やら叫んで、ウロウロ歩き出す症状がみられるようになりました。お医者さんに診てもらい服薬するようになって少しは良くなってきましたが、私は、今年単身赴任が解消して毎日の生活に加わった夫の几帳面で生真面目さが、背景に影響しているような気がするのです。Sは、勉強はきちんとするようにはなりましたが、父が側にいると何となく落ち着かない様子ですし、いつ頃からか爪噛みが目立つようになりました。父親との関係をどのようにしたら、また私はどう関わったらいいでしょうか。

回答

せっかく家族お揃いになられたのに、新たなご心配が生じて、何だかご主人に悪い思いもしておられるでしょう。いいことばかりはないものですね。でも、子供が成長する間は、親を煩わせるようなことがいろいろありますし、特に小学三年の時期は発達的な節目にさしかかっており、悪戯や一過性のいろんな症状が現れやすく難しい時でもあります。

精神科医の阿部和彦氏が調査した疫学的研究（『子どもの心と問題行動』日本評論社）によると、夜驚、爪噛み、チックなどは小学三年頃が最も多く、その後は減少していくという一過性の現象が示されています。この時期は知的好奇心が旺盛になり、実際に試したり調べたり行動的になってあれこれやりますが、まだ周囲の状況判断や行動結果を予測して計画的に行動することが不十分で、いわば行動して考えるといった段階ですから、結果的に大人から見ると悪戯をしていることになったりします。それで叱られることも多くなり、不安定要因も多くなるわけです。でも、三年生ぐらいまでは、知的好奇心が発揮されて多くの体験を持つことは、机上の勉強だけよりも将来的に伸びていく大きな基盤になります。

この時期、注意されることの多くなる一つとして、これまでの書写は上手にきれいに書いていたのに、殴り書きのようないい加減な書き方になったとよく言われます。これは、それまでは書く文章の中身よりも文字をきれいに書くことの方に強く意識されていたのですが、発達的

に逆転してきたわけです。つまり、作文では、考えたことや感じたことが頭の中から消えないうちに一気に書こうとする意識が働くようになったのですが、これも注意される種ですね。

一方、この時期はまだ情緒的な柔軟性やコントロールする力は弱いですから、怒られるなど情緒的に強い刺激を受けますと、自分の中で処理できず過敏に反応して心身症状を生じやすいのです。これが先に見た一過性の症状であり、S君の状況でしょう。一過性とはいえ、S君のストレスの緩和や心の傷を癒していく関わりは必要ですし、併行してそれを乗り越える力を培っていくことが大切です。

S君は就寝前はどうしています？　勉強したりテレビを見て神経が高ぶった状態のまま、「もう寝なさいよ」と促されて独り床に就くのではないでしょうね。就寝前は興奮した神経は鎮め、温かな気持ちで寝られるようにしていくことですが、できたら、就寝時にお母さんが静かにお話をしたり、読み聞かせをされるのもよいでしょう。この時期になると、それまで親に依存しきっていたのに距離を感じるようになり、突如もらい子意識がふっと湧いてきて「本当の子だろうか」と不安になったりすることもあるのです。また、お母さんとしては、お父さんが怖い存在でないこと、温かく優しい面があるから「お母さんは好きだよ」などと話し、S君の思いを変えていく、お父さんとの橋渡し的関わりをされるといいですね。几帳面なお父さんをダシに使って、「片付けなさいよ。お父さんが帰ってくるから」なんて言われることがないようにしたいものです。

入浴は気持ちを落ち着かせる効用がありますが、お父さんと一緒に入ります？　中には風呂でテストや勉強をさせられている風景もありますから気をつけたいものですが、入浴しながらお父さんを身近に感じリラックスできる関係がもてるといいですね。

10、愛情不足じゃないかと言われるが、接し方に自信がない

問い

小学三年の息子Jは、学校で理由もなく弱い者いじめをしたり、他児の発言を混ぜかえしたり、挙手した時に指名されないとふて腐れて八つ当たりし、特に女児から避けられているようです。注意された時に教室から飛び出したこともあります。その一方、先生にベタっと体をくっつけるように甘えるなどで、いつも先生の手を煩わせているようです。家では悪さをすれば父親の手が飛び出すからか、特に問題ありません。

先生から、Jは愛情を求めているから、スキンシップするなどもっと相手してやるように言われますが、自営業の忙しさに逃げているのかも知れません。頭ではわかっていても、私自身が子供時代に厳しい父の下で育ち、母にも甘えた思いがあまりありませんので、実際寄りかかられるとうっとうしさを感じ、子育てに自信が持てないのが正直なところです。

回答

お母さん、子育てに自信のある人はいませんよ。どの親も、特に最初の子のときには未経験ですから、子供と共に成長していくのです。二人目、三人目であっても、それぞれ個性がありますから、親の思うようにいかないのが子育てで、同じことが言えるでしょう。

あなたもおっしゃるように、我が子に対する関わり方には、親になった自分がどんな子供時代を過ごしたかが反映されやすいことは確かです。でも、過去がそうだから致し方がないというものではありません。私たちは過去を踏まえながら未来に生きているのですから、どうしようもない過去にとらわれることなく、過ごしてきた自分の歴史をどのように見ていき、それをこれからの子育てや生き方にどのように活かしていくかが大事です。あなたの子供時代を振り返って、つまらなかったとかよくなかったと思うことは、それを反面教師的に改めていく実践の積み重ねで自らを変えることができるのです。それに子育ては親子の相互作用の連続ですから、関わっているうちにお互いが必ず変化しますよ。

J君の頃は、年齢的にみても自分を通して相手の気持ちを察することや集団意識も未成熟で、わかったようでまだわからない段階ですから、クラスを担任される先生は大変だと思います。一方、その状況を知らされ、家庭での関わり方の改善を求められても、具体的にどのようにしていいかわからないで困っておられるのだから、お母さんも辛いですよね。でも、こうい

うことがないと、わざわざ立ち止まって考えませんから、J君はいい機会を与えてくれたとも言えますね。お母さんは、改めてご自分の子供時代を思い起こされ、これまでの親子関係を振り返り、お母さんとしてさらに成長していこうとしておられるのですから、素晴らしいことですよ。

ある若いお母さんは、子供時代に継母に拒否的に扱われ寂しい思いで過ごしたので子育てについては、「子供時代にして欲しかったことをやり、嫌だったことはやらないよう心掛けている」と、言っておられました。

また、子供の放置で私が関わった別のあるお母さんですが、子供時代に家族がバラバラで一緒に食事したことがあまりなかったらしいですね。子供に対してどんな母親でありたいか、その中で直ぐにできそうなことから順位をつけてもらいました。子供の夕食時には夜の仕事に出る準備をするけど、その時にはせめて側にいてやりたいと、それを実行されました。そしたら子供が学校のことなどよく話をするようになり、「いってらっしゃい」と見送ってくれるので、お母さんの気持ちにも変化が現れてきたのです。とうとう昼間の仕事を見つけて、子供のことを考えてそちらに替わられました。

J君は認められたい、甘えたい気持ちを表現する仕方がまだ下手のようですが、家庭で自分が大事にされ、認められている実感が抱ければ安定していきますよ。当面どのようなことに配慮し、どんなことだったらできるか、それこそ箇条書きにして順位を付けてみられるのもよいですね。お忙しいでしょうから一案ですが、就寝時には親の温もりを特に感じやすいですから、就寝時にちょっと童話の読み聞かせをし、握手しておやすみをされるだけでもいいかも知れません。性急にならず継続してやってみましょう。

11、虫捕りなどには夢中だが、勉強しない

問い

小学三年の男の子です。学校の宿題でもやかましく言って、やっとする程度で、自分から勉強することは全く見られません。この夏も友達や弟と川や山で魚や虫捕りなどに明け暮れ、その上食用ガエルやヤモリを飼いたいとまで言い出す始末で、さすがに気持ち悪いからそれは止めさせました。勉強はいよいよ難しくなるし、落ちこぼれになってはと、これから先が心配です。

回答

お母さんにとっては気がかりなお子さんかも知れませんが、なかなか頼もしいお子さんですねえ。元気はいいし、好奇心は旺盛だし、小動物の様子や生態などを確かめてみたいという研究心はあるし、小学校の低学年ぐらいまでは、こんなことがのびのび体験できるといいなと思いますね。

最近の子供たちは、戸外で集団で遊ぶことが少なく、約束した人としか遊べない子、ファミコンに代表される家の中で過ごす子、思っていることをきちんと言葉で伝えることのできない子らが目立ってきています。それは、少子化時代でそもそも子供が減ってきていることや、都市化が進んで緑の自然が少なくなったこともありますが、緑豊かな自然があっても、その中で遊ぶ姿をあまり見なくなりました。子供たちは、本来自然の中で遊ぶことが大好きです。

三・四年生になりますと、それまでと違って交友関係も行動範囲も広くなり、活動的になってきますし、話すことにしても急に成長したように感じられると思います。この時期は、スポーツの楽しさを覚えればそれに夢中になったり、昆虫図鑑や読書に夢中になったり、街や自然界を探検してみたり、何でもやりたがり屋、何でも知りたがり屋が誕生します。これは本来の姿であり、こうした経験があるかないかは、これから後の発達にも大事なことです。

児童文学作家の灰谷健次郎さんが、多くの読者から理想とするような子供像を小説にして欲しいという要望があって著した『天の瞳』があります。そこには、子供たちのギャングエイジと言われる頃の本来的な様子がうまく展開されていて面白いだけでなく参考にもなります。

「遊んでばっかりで、宿題はどうしたの？」「遊ぶなら勉強してから出なさいよ！」など、とかく言いたくなるでしょうが、せっかくこうした興味や関心をもって活動しているのですから、遊びと勉強を切り離さず、さらに発展させる方向で考えてはどうでしょう。目先の勉強も必要ですが、これから先、自らの学習意欲と自分の力で勉強していかねばならない期間の方が遥かに長いのです。

先ず、この活動をお父さん、お母さんがしっかり受け止め、お子さんのその日の体験を聞いてみてあげるといいですね。お子さんの活動を通しての会話が、お子さんのこれからの関心や活動の広がり、ひいては学習意欲に大きく影響していくのです。でも、すぐ勉強に結び付けるような早まった魂胆は止した方がいいですよ。

会話の中で生じた疑問や分からないことについて、友だちと一緒に町や学校の図書館で調べてみるといいですね。例えば、食用ガエルの食べ物は何だろうか？　その昆虫は何という名前で、幼虫はいつごろ、どこにいるか？　また、虫などの特徴や捕らえた所の状況などを記録しておくとか。世界の多くの少年少女に愛読されてきたシートン著『動物記』やファーブル著『昆虫記』とか、自然の中の動物をテーマにした椋鳩十全集など様々な本がありますから、読書好きになるいいチャンスでもありますね。

小学校の高学年から中学生になっていくにつれ、ものごとを考える力も発達し、興味や関心の方向が次第に明確になっていき、将来の自分を想うようになって学習意欲も湧いてきやすくなるのですが、その基盤がそれまでの体験的な学習です。ある面からすれば広い意味での教育とは、幅広く様々な経験の場を、子供たちに提供していくことであり、さらにそれを発展していけるよう大人が十分に対応していくことだと思います。

12、側に付いていないと勉強しない小三男児

問い

小学三年生の男の子Yです。掛け算九九はまだ曖昧ですし、本読みもとちりながらです。せめてその日に習ったことを少しでも復習すれば落ちこぼれにならなくてすむと思いますが、側に付いていないと勉強しません。新しい担任の先生は宿題を出されませんし、勉強の習慣をつけるにはどうしたらいいのでしょうか。

回答

なかなか難しい問題ですね。発達的観点から小学三・四年生でやる気を起こすか、起こさないかは、その後にとって大事な時期ですから、お母さんのご心配はわかりますが、焦って勉強を押しつけるようなことになれば、かえってマイナスになりますよ。勉強は、本人がその気になって取り組まないと力がつきませんから。では、勉強しようという気持ちはどういうことで湧き起こるか、その辺りから勉強の過程について少し考えてみましょう。

先ず、家庭、学校あるいは地域での日常生活の中で何かに興味や関心を抱き、知りたい、調べたい、憶えたい、作りたい、あるいは自分もそんなふうになりたい等々の欲求が生じることが大事です。そして、それを実行しようという意志が必要になってきます。この欲求と意志がつまり学習意欲ということになるのです。しかし、実行してみたが、面倒くさい、時間がかかる、簡単にできそうでない等と壁にぶつかった時、放棄するか頑張ってやるかどうかが問題になってきます。そして、その結果について「やったぁ！」という喜びや、向上したのは努力した結果だと本人が意識するとか、その上に「頑張ったねえ。すごい！」と周囲から評価されると、さらに次をやってみようという気持ちにつながります。

さて、Y君は学習意欲は弱いかも知れませんが、お母さんが側にいたら勉強するのですから、そのこと自体でも素晴らしいじゃないですか。勉強を終えた時、お母さんはY君にどんなふうに言葉かけをされますか？「頑張ったねぇ」「できたねぇ」とねぎらいや褒めるだけならいいですが、「一々お母さんに言われなくても……」「姉ちゃんを見習いなさい」のような小言や誰かを引き合いに出したり、「そこまでできたんだけぇ、もう一つやって見たら……」なんてお母さんの欲が追加されたりしませんか？　余分なことを付け加えると、Y君は勉強が嫌になってしまいますよ。仮にお母さんの指示で勉強したにしても、Y君がまだ後をやってもいいよという気持ち辺りで止めた方が、次回の勉強に取りかかりやすいですね。

本人がその気なら予習・復習の両方をするに越したことはないのですが、予習の方がドキドキワクワクした授業参加で集中し、勉強した結果に対する喜びや感動も強く、次の学習意欲につながりやすいです。

また、努力結果の変化が、本人の目に見えるようにする評価方法も一つの工夫です。例えば、掛け算九九のドリルで、二十問で何秒かかったか測定し、誤答はペナルティで一問の平均秒数を加えるなどしてグラフに示すと、勉強の後の変化がわかり、動機付けになりますね。掛け算九九や朗読は、練習量に関わっていますが、その結果に対してY君が「次また練習しよう」という気持ちになるような褒め言葉が大事です。

Y君は、学校でしっかり勉強して疲れて帰るでしょうから、余り追い討ちをかけないようにしたいものですね。食卓を囲んで和やかな家族の会話など日常生活を通じて、Y君の関心の幅が広がるようになっていくことを願っています。そのことがひいては学習意欲、成就欲につながるのです。

13、寝る時に母の乳を求める小三男児

問い

お恥かしいことですが、小三の長男Nは、寝る時、四歳の弟と二人で母親の乳を奪い合いでしゃぶります。二歳頃には卒業していたと思いますが、弟が生まれてから再び求めるようになりました。初め頃は、甘えたいだろうし、落ち着いて寝るからと安易に応じていたのがよくなかったと後悔しています。学校に入ってからは何とか止めさせようとあれこれ言ったり約束をするのですが、三日ともちません。学校では他の子ともよく遊んだり、勉強も普通にやっていて問題と思われるようなことはありません。

回答

N君に限らず、安心して気持ちよく寝たいのは、みんなに共通の基本的欲求です。それが保障されることは精神的安定の大きな基盤となり、活動の活力につながります。N君は昼間気持ちを揺すぶられるどんなことがあっても、寝るときにお母さんの胸の温もりでホッとするので

しょうね。これまでは副作用のない単に精神安定剤みたいというより、それ以上の働きがあったと思いますよ。今のところはともかく、異性を意識し性の目覚めが始まる頃までには別の何かに変わっているといいですね。

お母さんとしてはこれまで止めさせようといろいろしてこられたと思います。N君は、恐らくいつも言われていることでしょうから頭では「止めんといけんかなあ」と思いつつ、「ダメ」と言われると、それに代わるものがないからますます欲しくなって強引に要求する。「じゃあ今夜だけだよ」なんて言って、仕方なく応じてはそれを繰り返すことになっておられるかも知れませんね。結果的にはせっかくN君の要求に応じるのですから、双方が気持ちよくしたいものです。でないとN君もお母さんも「また止めなかった(応じた)」「ダメな僕(私)だ」というマイナスな気持ちを抱くことになって、ものごとのやる気に重しをかけることになりかねません。

私は、かつて喫煙を止めようと思ってはチューインガムや仁丹をほおばったりしたものですが、タバコがポケットにあるといつでも吸えると思って意外と我慢できるのに、なくなると余計に欲しくなって我慢しきれず、つい他の人に恵んでもらっては、また元に戻ってしまった経験が何回かあります。

そこで、N君もお母さんのオッパイから別のことに移行するための心の準備をしていく必要がありますから、先ずN君と話し合ってみてください。話し合ってみればN君ならずとも弟君も、いつかはオッパイを卒業して赤ちゃんの延長でなく成長したいという気持ちがあると思いますよ。弟君は後にしてもN君とは、オッパイとのお別れの目標日を少しゆとりのある日(例えば次の月末とか夏休み終了日)に定め、その間に代わって安定できる何かを併行して作っていくのです。例えば「その代わり手を握ってあげることにしよう」ということで、オッパイと同時に手を握ってあげることにしていけば、そのうちオッパイを止めても手の温もりだけで気持ちが落ち着くようになるでしょう。さらに細かく言えば、目標日を意識化するためカレンダーに印をつけ、その日が近付くにつれオッパイをしゃぶる→唇に触れる→匂いをかぐことへと変化をつけて卒業しやすくしていくのもいいでしょう。こうして目標に向かってクリアしていくN君の努力を励まし、めでたく卒業できたのは止めさせられたのでなく、彼が自分の力で達成したという思いを抱けるといいですね。

約束が決まったら文句を言わずに気持ちよく実行することですが、今度はこれまでと変わって、お母さんの方がむしろ積極的になられると、案外こうしたことは「今夜はいいの」と言ったりするものです。また今度は就寝時に手を握らないといけない癖がついたらどうしようか、と思われるかも知れませんが、手を握りながら本を読んであげるなどして、癖が読み聞かせの方に移行すればいいですね。

N君は就寝時にお母さんの肌の匂いや温もりを長年感じながら成長してきておられますから、彼の心の中にはお母さんがしっかりと棲みついているでしょう。そうした愛着関係は健やかに成長・発達していくための大きな基盤ですし、困ったことに出合っても心の中のお母さんに相談できるという安心感があるでしょう。のびのびと活動していけるよう温かく見守ってあげてください。

14、プリント問題を拒否し、注意する友を叩く小三男児

問い

小学三年の男児Kです。授業中に誰かが発言して間違えると、なじったり、他児が指名されているのに先をとって発言したり、そのくせ与えられたプリント問題は、はじめからやろうとしません。誰かに注意されると、授業中なのにその子を叩きに行くとか、関係ない子にも八つ当たりするようです。しかし、先生と二人になると、落ち着いて話が聞けるので、愛情不足かも知れないから両親でよく話し合ってみてくださいと言われているのですが、あまり思い当たりません。

回答

普段生活している中で、いちいち考えて子育てをしておられるわけではないでしょうから、何が問題なのか、どんなところが愛情不足なのかわからないとおっしゃるのは無理ないと思います。

K君の行動上の問題はいろいろあるようですが、少し分けて考えてみましょう。

K君は、勉強に関心が強く、そのことで自分をアピールしたり、拒否したりの態度がみられること、注意されることに過敏ですぐ相手を攻撃すること、それらのことで集団のルールが守れないことですね。勉強に関してのことが主に基盤にあるようですから、そのことを中心に考えてみましょう。

K君は知っていることをアピールすることで、自分の存在感を得ようとしていますね。ところが課題のプリントになると、はじめからやろうとしないのは、間違っていたり、期待した点数が取れなかったら存在感が否定される不安があるのです。私も同じような子供たちによく出会いました。「どうして？」と問うと、「だって、一〇〇点取れんもん」と言っていた子もいましたし、それすら硬い表情で黙ったまま答えない子もいました。恐らくこれまでに勉強で間違う度に叱られたり、なじられたりした嫌な思いの体験が何回となくあったのではないでしょうか。

親が子供の勉強について寄せる関心は、往々にして結果に至る過程よりも結果であり、正しいか否か、上手か否かを評価しがちです。その上に、「こんなことがわからんのか」「本気で勉強せんからだ」などと叱ることが余分に付いてくると、K君のようなことが生じやすくなります。子供は繊細で傷つきやすい存在ですし、心が傷つくとさらに傷つきたくないですから、防衛的に反応しようとしません。K君は、間違いや失敗を恐れ、自分が否定されそうな不安があるようですから、その思いの変容が必要となってきます。

小学生の年頃は、まだ自分自身の考え方は極めて流動的であり、親や学校の先生たちの示す価値基準に触れていく中で次第にそれらを学んで身に付けていきます。そして、子供は、人との関わりでは自分がされているのと同じような関わり方をしやすいです。ですから、K君が学校で友達をなじったり、攻撃するのは、K君自身がご家庭でそうした接し方を受けているのではないかと想像されますが、いかがでしょうか。親としては決してそのつもりではなく、悪いことを正したり、励ますなどのしつけや教育の一環としての思いでしょうが、受ける側は嬉しくない思いでいながらも自然と学習していくものです。もちろん、今は情報社会ですから、テレビなどの影響も大きいのですが、それを解説し話題にしたり、何よりも自分に対して日常的に関わる親の影響の方が遥かに大きいものです。

Ｋ君は、課題の正否の結果を気にし過ぎますから、そのことを評価しないで、勉強しようとする姿勢や、「よくやったねえ」などと少しでも努力した行動を認めるようにした接し方が必要だと思います。間違えたところやわからないことがあっても、「誰だって間違えることはあるよ」「お母さんだってわからないことがいっぱいあるよ」「勉強していけばわかっていくんだよ」などとＫ君の考えや気持ちを変えていくような働きかけをしていき、決して叱ったり、咎めたりしないことです。先ずそうしたことから取り組んでみてください。

Ｋ君は、勉強に関心を示しており、基本的なところでの成長したいという意欲がうかがえますから、安定していけばこれからが楽しみです。

15、アスペルガー症候群で集団のルールが守れない

問い

小学三年の息子Rですが、授業が始まると机に向かってはいますが、勝手に遊び、授業に参加しません。それなのに、先生の問いかけに指名されないのに答えたり、子供たちの発言に口を挟み、不思議がられます。掃除や班活動なども気ままで、「いま大事なことをしている」「みんなと意見が違う」などと理屈を言い、子供たちから非難を浴びますが、Rは「みんながうるさい」と場を理解しません。「勉強や掃除は学校の決まりで一緒にするものだ」と何回となく教えるのですが、「わかった」と返事はしても、「やりかけの実験ができん」と自分の関心事を優先させます。最近は自分でいろんな天秤を作って物を計って分類してみるような遊びにこだわっています。就学前の受診でアスペルガー症候群と言われましたが、家や学校でどのように配慮したらいいでしょうか。

回答

近年、R君のように医師の診断があるなしにかかわらず、同じように集団行動や対人関係、特定教科に特別な配慮が必要な子供に出会うことが多くなりました。文科省による二〇〇二年の全国調査では、こうした子供の存在は全体の約六％という結果が示されました。養育環境上に起因することが多いかも知れませんが、中には脳の機能的障害と思われ、医学的知見の必要な子供たちがいることを見落とさないことです。文科省は、こうしたアンバランスな発達を示す脳機能を中核とした軽度発達障害の子供のために、特別支援教育の体制づくりを始めました。その対象は、アスペルガー症候群などの知的障害のない広汎性発達障害、注意が散漫でミスが多く、非常に落ち着きがない注意欠陥多動性障害、そして読む、書く、計算などの特定能力に限って極端な落ち込みを示す学習障害の子供たちです。その方針は、校内に委員会を設置しての体制づくり、養護学校を核に専門教師の巡回相談・指導、そして教育学、心理学、医学などの専門家チームを設け、要請で指導や支援に出向くなどの考えを示していますが、これが十分に機能するには、まだ時間がかかるでしょう。私自身ももっと勉強していかないといけないと思っています。

さて、アスペルガー症候群（ＡＳ）の特徴を例示し、およその理解を得ながらR君との対応を考えてみましょう。

ＡＳの人は、周囲の状況や相手の立場を想像することが非常に苦手です。Ｒ君の年齢では、一般的にも未成熟ではありますが、物の見方考え方の方向が、絶えず自分が中心ですから、Ｒ君も自分がしている大事なことを何でみんながわからないのかが理解できない気持ちでしょう。

ＡＳの障害を持つ工学博士のグランディン女史は、自らの体験から、「学校や社会で適応していくための常識事典があるとよかった」と講演の中で語っていました。ＡＳの人達は、場の状況判断が難しく、持っている知識、つまり頭で適応するタイプです。Ｒ君に学校や集団のルールを丹念に教えていくことは大事ですが、単発的な形で提示するのでなく、行動の流れの中で理解できるようにプログラム化していくとよいと思います。ＡＳの人達は、物事に固執しやすく一定の順序性を持って適応できると安定できますが、融通が利かないだけに、その枠に変更が生じると混乱します。前もってわかれば、これも丁寧に知らせることです。

娘さんの診断をきっかけに自身もＡＳと知った教育学博士のウィリー女史は、自らを振り返った著書の中に、「言葉を規則正しく並べられた話でも、こまごまと解説が添えられて鮮やかな視覚的イメージが現れないと話の内容が把握できない」と記述しています。もちろん、同じＡＳの人でも違った理解の仕方の人もいると思いますが、やはりその人が体験などに照らして実感できるように事細かく話すことが必要ですね。ある小学二年男児のお母さんは、「学校へ持って行ってね」と学校へ提出する文書を彼に渡したのですが、先生に渡さずそのまま持ち帰っていました。問うてみてわかったのは、お母さんが、「○○先生に渡しなさい」とまで言わなかったからでした。通常の人の場合には、相手の表情を読んだり、言葉に表せない意味合いや場の雰囲気などの印象を、話に補って聞くから理解できるのですが、ＡＳの人はそれが困難です。

また、教室でのルールやプログラム化したR君の行動の流れを紙に書いて視覚的にイメージしやすいようにするのもいいでしょう。こうして彼の常識事典を作るといいかも知れません。さらに、それを表にして、できたときにマルを付けたりシールを貼って、日々の足跡が見えるようにするのも動機づけの一案です。焦らず長い目でみていきましょう。

16、父親も一緒になってTVゲームに夢中

問い

小三の息子がいる三人家族です。父子でTVゲームに夢中になって、食事に呼んでも寝る時間になっても切り替えがなかなかできません。我が家にとって「TVゲームは害悪だ」と言うと、夫は「集中力がつくからいいじゃないか」と言うのです。購入するときには、確かに私も、息子の興味や集中力が伸びたり、友達づくりに少しでも役立てばと期待もしましたが、友達が遊びに来ても、それぞれがTVゲームやマンガ本でほとんど会話もありません。勉強だって今までと変わらずあまりやりません。先ず父親が変わらなければならないですが、TVゲームを程々にするための何か知恵はないものでしょうか？　また、本当に集中力を育てることになるのでしょうか？

回答

日常生活には個人にも集団としての家族にも暗黙のうちに予定されたある一定の流れがあり

ますね。それが再々、他者の都合で流れが渋滞したり予定が変更されると、その後予定のある者にとっては「もういい加減にしてよ」と言いたい気持ちにもなりますね。家族のために食事を作っているお母さんにとっては、せっかく温かく美味しいものを作っても、直ぐに食べてもらえないと、お汁などをまた温め直したり、味も落ちたりして残念ですよね。

さて、ＴＶゲームは他のことについても集中力、いわば脳を育てることに役立つかという問題。もう一つは、ＴＶゲームとどのように付き合うかという問題について考えてみましょう。

ＴＶゲームをするには、目や耳、手や頭を素早く使わないといけないから脳が活発に働き、脳を育てることに通じているのではないかと思われますが、脳生理学者の森昭雄さんや川島隆太さんの実験があります。

森さんは、六歳から二十九歳の男女二四〇人にTVゲームをさせ、人間らしい感情や創造性をつかさどる前頭前野の活動を脳波測定で調べました。するとTVゲームを普段しない人は脳の活性化が見られたけれど、毎日二―七時間ゲームに親しんでいる人は、ほとんど思考力が働いていなくて認知症の人と同じ状態が示されたそうです。

川島さんは、楽しいTVゲームをしている時と、面白くない一桁の単純な加算課題に取り組んでいる時の脳の活動について、小・中学生や大学生を対象に、脳の働きが色別でわかるようにした機械を使って調べました。すると、意外にも誰もが単純な計算をしている時の方が、脳はより広い範囲で、特に前頭前野が活発に活動しているのでした。

脳の成長期にTVゲーム漬けは、脳の育成どころかかえってマイナスということですね。さらにゲーム中毒（依存症）にも発展しやすく、そうなると容易に止められません。ちなみに川島さんは、いろいろ調べてみると文章を声を出して読む時に、脳がいちばん働いていたそうです。このことは、普段の勉強のやり方を考えるのに参考になりますね。

昔から子供たちは、メンコやベイゴマなどゲームに夢中でした。しかし、これらは自分が体を張って友達と競い合い、工夫し、努力の楽しさを身に付けていたように思います。また最近では、ベストセラーのマンガシリーズ『ヒカルの碁』（原作・ほったゆみ、絵・小畑健）の影響から、囲碁を始める子供たちが増えているようです。そのA君（小四）は、「決められた機械の中を操作するTVゲームと違って、自分の考えで変化させられるのが面白い」などと言っていました。いずれも道具を介しての対人関係ゲームであり、前頭前野も働くゲームですから、この方がいい傾向だと言えるでしょうね。

新しいゲームソフトが出ると、購入者の約半数が三十代以上だそうです。お父さんも、外からストレスを抱えて帰ると、気分転換にと思ってTVゲームに向かうのでしょうが、ついのめり込まれるのですね。大人でもそうなんですから、子供はなおさらのことです。どの程度までなら「よし」とするか、他の生活も含めて大体の計画について、ご家族で話し合うのがいいですね。親も子供と共にジグザグしながら成長するものですが、大人であり親であるゆえんは、子供の気持ちや言い分を汲みながら、柔軟性を持って話し合いのイニシアティブを取るところでしょうか。

17、「本を読んで」とせがむ小四男児

問い

小学四年の一人息子です。未だに時々、就寝前に本を読んでくれとせがむことがあります。読み聞かせは卒業する時期ではないかと思いますし、自分でも読んでいるのですから「自分で読みなさい」と言ってはいるのですが、過保護にしてきた関係なのでしょうか。

回答

読み聞かせというのは、何歳になっても「いいなあ」と思いませんか。私たち大人でも女優さんの朗読を聞いて、改めてその詩や文章あるいはその文学などに感動することがあります。さすが女優さんだなあと感心もしますね。

私は、小学四年のときの先生が、時々児童文学を読んでくださったりお話をしてくださったことを、今でも鮮明に記憶しており、私自身にとって書物に対する関心の大きな基礎となったように思います。当時クラスのみんなが先生のお話を期待し、授業が始まるや勉強道具を机の

上に出して静かに先生を待っていたこともありました。また、小学校の教科書に載っている「ゴン狐」の著者・新美南吉は、十六歳で著した処女作「張紅倫」や「ゴン狐」を書き上げると、先ず義弟に読み聞かせをしているのですが、義弟が涙を浮かべていたと日記に記しています。義弟は六歳年下ですから、「ゴン狐」の読み聞かせは十二歳の時です。

こんな話はテレビのない昔のことであって、今は違うと思われるかも知れませんが、子供というのは、本質的にはほとんど変わらないものです。

私が児童相談所で経験したことですが、事情あって児童相談所に宿泊していたある中学三年の荒くれのツッパリ少年が、ある時、「以前アニメで見て面白そうだったから『十五少年漂流記』を読んでくれ」と言ったので、私は少しばかり読み聞かせをしました。今まで児童文学書に触れたこともない彼でしたのに、それをきっかけにその分厚い本を自分で全部読んでしまったことを後日知り、びっくりさせられたことがあります。

『この本だいすきの会』の高山智津子さんは、小学校教師時代、高学年児にも最初の参観日には保護者の前で読み聞かせをし、「本が好きになり、本の世界を知り、心が豊かになって欲しい」などと話すようにしていたと言っておられます。

本を読んでもらっていると、自分で読むのと違った味わいがそこに展開されることは確かです。イメージを膨らませながらストーリーを追っていく楽しさや胸のトキメキと共に、読んでくれている人と自分との心のふれあう喜びが生じるのだと思います。そのためにも読み聞かせは、単にストーリーを読むだけの作業ではなく、イメージが膨らむような心に響く読み方が大切だということですね。

お母さん、子供が何歳だから「〜すべきだ」「〜した方がいい」などと枠をはめて、子育てをマニュアル的に考えないことですよ。そうしないと、お子さんによって興味や個性の違いもありますのに、枠からはみ出すと親は気になるし、うるさく言いたくなるし、押しつけられるお子さんにとっても親にとっても実に苦しく、決していい方向には動きません。お子さんの興味や関心など現状を理解し、お子さんに適った対応をしていきたいものですね。せっかくお子さんが要求しておられるのですから、楽しく面白い本など大いに読み聞かせをされたらいいですよ。そして親子で共有できる楽しい一時をもってください。

18、勝手気ままな他児を注意することに躊躇

問い

小四の一人息子Nです。おとなしい性格である上、今年転校してきた関係もあって、友達との関わりは少ないです。二学期に入って不登校気味となり、二・三人の友達が連日来てくれて登校するようになったのはいいですが、だんだんと自由奔放に振る舞い、騒ぎ、冷蔵庫も勝手に開けたり、散らかし放題のまま友達は帰って行きます。きちんとするように、Nには言っていますが、みんなの勢いに流されてしまいます。みんなを注意するとせっかく来ていた友達も来なくなったり、いじめにあってまた不登校を起こすのではないかと不安もあって厳しく言えないでいます。こんな私の弱さが消極的なNにしているのだろうと頭ではわかっているのですが……。

回答

N君が学校へ行けるようになって良かったですね。子供たちにとって友達の力はやはり大き

いですね。でも、友達が来ての今の状態はちょっと心配ですね。友達関係と不登校とを天秤にかけ、両方共いい具合にいく方法はないものかとモヤモヤしたお気持ちでおられるのもわかります。しかし、今はこれらと他家でのけじめのない過ごし方とは別の問題として考えた方がいいでしょう。

子供たちだって他人の家だとわかっていることだし、小四の年齢になると、自他をわきまえた行動もできるはずですし、話せば十分わかります。子供たちも調子に乗り過ぎた集団の流れの中で、誰が思い止まるか、誰がイニシアティブを取るか友達関係を気にしたり、コントロールが利かなくなって暗にセーブされることを求めているかも知れませんよ。

子供に注意し気付かせること、教えること等と、咎めることとの違いは言葉の上ではわかっても、気持ちの中でつい混同してしまいがちです。また、子供を理解し受容していくことと、注意や教えることとは決して矛盾するものではありません。

お母さん、優柔不断にならずここで決断し、実行です。子供たちは大人の明るさ、歯切れのよさを歓迎します。うまく言おうと頭の中で練習しなくて、感じた時に思い付いたことを素直に言われた方が、かえって子供たちに素直に受け止められますよ。例えば、「何か食べたい？おやつにしようか。それじゃあ、片付けてね。あのね、他家の冷蔵庫を開けるものじゃあないよ」などとさりげなく中に入ったらどうでしょう。すると、子供たちは何らかの反応をしますが、それに対しても歯切れよい対応がいいですね。例えその時に、誰かが「いいじゃん」などとはぐらかすようなことを言っても、「ダメ！」と毅然として一言言えばよく、後ゴタゴタ言わないことです。そうしないと嫌われるばかりか、かえって言うことを聞かなくなりますよ。子供たちが片付けなどしたら、「片付けたねえ」などと必ず声をかけるようにされるといいですね。

心理治療の中にプレイセラピーというのがあります。子供（クライエント）はその部屋の中ではどんな遊びであろうと、感情をむき出しにしようが自由で、温かく受容する治療者との関係で精神的ストレスから解放され、治療が図られていくものですが、何でも許容されるわけではありません。治療的関係は一定時間でプレイルームに限定されること、器物を破壊しない等の約束事があり、それに対してはいかに優しいセラピストのおねえさんでも毅然と臨みます。でも、決して治療的関係が壊れないというのが面白いところですね。

子供は敏感ですから、自分に対するこの人の態度はホンモノ（誠実で真剣）かどうかをちゃんと感じ取っています。その上で話の中身を理解していくのです。親の愛を感じるというのもそういうところだと思います。全国各地で講演され大学でも教壇に立たれる坂本光男さんは、「親の愛というのは、保護する優しさと共に自立を促す愛が必要で、子供は納得すればやるべきことはやるし、なるほどと実感すれば改善の努力もする、だから教えるべきことを教えていくことこそ〝ホンモノの愛〟と言える」と言っておられます。

N君が成長し変わっていくためには、やはりお母さん自らが変わっていくための努力が必要ということになりますね。元気を出してやりましょう。

19、ほめてやりたくても、悪いところばかり目につく

問い

小学五年の息子Kです。学校では授業時間に物を作ったり運動など好きなことはやるけれど、大概がノートに悪戯書きや折り紙など勝手なことをして集中しません。友達関係ではちょっかいを出したり、他児の発表にケチをつけるなどで、とかくトラブルの元凶となるようです。家庭でもやかましく言わないと、いつまでもテレビやゲームにかじりつき、入浴も片付けも勉強もしません。時には私の帰宅が待てず、自分で焼きそばを作ったりして、一緒に夕食をしません。よいところを見つけてほめるようにと、先生からも言われてはいるのですが、悪いところばかり目についてしまいます。

回答

親としては、わが子が心身共に何とか健やかに成長していって欲しいものですが、なかなか思うようにはいかないものですね。ましてや、他児に迷惑をかけたり、勉強にも集中しないと

聞くと、親としてはのんびりしておれない気持ちになるでしょう。

一方、親はわが子に対して、とかく「こうあるべきだ」「こうあって欲しい」等と期待や要求水準が影響した親の視点で見ますから、「しないこと」「できないこと」「続かないこと」ばかりが目について、「ダメだ、ダメだ」と思ってしまいがちです。K君は、時には自分から片付けることもあるでしょうが、「それはよほど気が向いた時であって、片付けるのは当たり前のことだ」と、全く取り合うこともしないか、「いつもやればいいのにね」と愚痴で相手したりしませんか？　また、叱られてやっと片付けた時には、「やかましく言われんでもせんといけんのよ！」と、片付けたことはそっちのけで追い討ちをかけた叱り方をしませんか？

一般的に行動に伴って、又はその直後に快い体験感を抱くと、その行動を繰り返したくなり、不快な体験感を抱くとそんな行動はしたくなくなります。稀に見る行動でも続けて欲しい場合には、その行動を繰り返しほめることが必要ですし、好ましい行動でも、周囲の誰もが無視していたり、当人も「どうでもいいや」という気持ちになると、その行動はいつの間にか消滅してしまいます。ですから、好ましい行動に対しても、当人の気持ちがダウンしないよう時々ほめたり、注目することが必要です。

では、K君が、嫌がられても注意されても他児の発表にケチをつけるのは、なぜでしょうね？どうやらケチをつけることで、みんなから「えっ、また！」と嫌な顔をされたり、先生に注意されることで、自分が注目され存在感を味わうという、歪んだ学習がなされているようですね。彼は、「ボクはみんなと違うんだ」というアピールをして認められたいのですよ。そのためにもK君の中に「あるもの」「よいとこ」探しをして認め、「結構いけるとこあるじゃん」と、親子共に思えたら、これからに明かりが見えていくでしょう。K君を見る視点を変えてみましょう。

K君は、物を作ることに興味、関心があり、折り紙や焼きそばを作る力をもっています。それを自発的に行動に移す力をもっています。でも、それを認められる機会がないのです。お母さんの講師で美味しい焼きそば作りに挑戦してもらい、休日とかお母さんの帰宅が遅い時などにコックをしてもらったらどうでしょう。但し、結果の作品に対する評価でなく、その行動や努力を認めることです。お母さんの家計簿の表紙とか、部屋の装飾に相応しい折り紙を作ってもらうのもいいでしょう。

やかましく言われないとしないのでなく、何回か言えば自分を切り替えることができるのですから、「すごい！　よく切り替えたね」とほめて、自覚を促すようにするといいですね。お母さんも追い討ちの説教をしたい気持ちを切り替えて、素直にほめることです。

また、K君は、入浴も片付けも勉強も、時には手伝いも、例外的に自主的に、あるいはすんなりとすることもあるでしょう。それはどんな時なのか、その行動に対してどう接したか、よく観察してみられると、例外が例外でないことに気付かれると思います。K君の変化を見る視点は、「あるべき姿」の高い視点からでなく、彼の現状に合わせ、些細な行動に対してもほめ言葉、労いの言葉かけをしていくと、例外的行動がもっと増えていくでしょう。

20、環境の変化で体調不良、食生活を正したい

問い

半年ぐらい前に母子家庭になった小五の孫M男ですが、時々学校を休むようになり、学校や生活が変わったこともあって、まだ馴染まないのだろうと思っていました。腹痛や頭痛、胸のつかえなどの訴えが多くなるので、お医者さんに受診したら、ひどい便秘だったようで、食生活を正すように言われました。母親は稼働に追われ、出来合いのものや子供任せにしたりして配慮が足らなかったとは言っていますが、私の娘とはいえ、食事の中身まで踏み込みたくありません。でも、食生活は単にお腹を満たし体をつくるだけではなく、心の問題にも影響することをしっかり話してやりたいと思っていますので、参考になることを教えてください。

回答

大人でも、生活環境が変わると、心身に微妙な影響が生じ、中には、旅行に出かけると便秘したり、眠れないという人もいます。M君にとって、環境変化の影響は大きいでしょう。お母

さんも忙しくなると、生活スタイルを変えざるを得ず、食生活にも手抜きが生じるのはよくありがちなことです。

便秘解消のための食事は、野菜や海草など繊維質の多いものを摂ることの必要性はよくご存じだと思いますが、これがまた子供にとって苦手なものですから、お母さん方も大変。調理に工夫が必要になるけれど、忙しい時には調理の方も子供が食べないことの方も、「まあしょうがないか」と単純に努力を棚上げしがちです。その背景には、便秘は軽い問題だという意識があるのでしょう。ところが、便秘は、腸の中に腐った物やガスを溜めているわけで、そのことによって毒素を逆吸収するため、様々な心身の不調をもたらす元凶でもあるそうです。便秘ではないですが、特に腸壁にこってり付いている宿便が問題で、それをきれいにすることで、治りにくかった多くの病気がずいぶんよくなるようです（甲田光雄著『少食が健康の原点』たま出版、等）。

食事というのは、健康な体づくりやエネルギーの蓄えだけではなく、心の問題とも大いに関係があります。

少年院入所者らの面接調査や多くの文献からまとめた心理学者の大沢博氏の著書『食原性症候群』（桜楓社）は、参考になります。それによると、一般的に非行少年は、飲む自販機の飲料水が一日に数本から十数本であり、食事と間食がゴッチャで、カップ麺やスナック菓子が多

いという日常生活のようです。これでは栄養の偏りはひどく、糖質がエネルギー化するときに必要なビタミンB1やカルシウムなど微量な栄養素が欠乏し、また甘味料の多い炭酸飲料から低血糖状態の日常生活であったのではないかと思われます。

ビタミンB1欠乏の症状としてよく知られるのは、脚気がありますが、そこに至るまでにどんな状態が生じるか、アメリカの刑務所での研究（人道上の問題が疑われますが）があります。入所者にビタミンB1欠乏の食事を与えたところ、イライラし喧嘩やふさぎ込みが増え、そして手足のしびれ、頭痛、便秘などから脈搏の増加など生理的変化が明らかになり、今度は逆に徐々にB1を元に戻すと、通常の状態に戻ったそうです。また、カルシウム欠乏について、モルモットの普通食群とカルシウム欠乏食群では、前者はおとなしく容易に掴まえられるのに、後者は噛みつくことが多くなるそうです。

保健学者の菅原明子氏は、食べ物と低血糖との関係を実験調査しました（著書『非行は食べ物が原因だった』講談社）。ご飯、パン、同カロリーの砂糖をそれぞれ摂取した後の血糖値の変化を見ると、比較的緩やかな低下を示すのはご飯であり、砂糖に至っては、摂取直後には急速に上がるが、二時間後には摂取前より逆に低くなっていました。朝食の代わりに砂糖の入ったコーヒー牛乳だけで登校した子供は、二時間後には低血糖症状で、冷や汗、精神の空白、集中力の欠如などの症状でとても勉強どころではないと、菅原氏は述べています。また、子供たちの精神病理と食生活・食環境との関係について、学際的分野からの究明が必要であると提言しています。

さて、お母さんが忙しいと、とかく背中で話を聞いたり、指示干渉が多くなりがちですが、せめてM君の食卓が孤食にならないようにし、お母さんが聞き上手になって相手されると、彼の食のバランスや消化も心の安定も図られていくでしょう。

21、学校で話せない小五女児

問い

私が担任している小五のS子のことですが、姉が中二です。自宅や近所では友だちと話をしたりするのですが、学校では誰とも話さず、わずかに頭を動かして返事をする程度です。小さい時からおとなしく、また過敏な子で、いつも姉について歩いていたようです。勉強や学校生活上のことは、目立つほどの問題はなくおとなしいなりにやっています。ある人からはそれなりに安定しているからいいではないかと言われたり、親御さんはこちらに対する気遣いからか、「いつかは話すでしょうから」と諦めのように言われます。私は、以前にも似たような子を受け持ちましたが、うまくいきませんでした。いい方法があれば教えてください。

回答

S子さんのような場面緘黙《かんもく》までいかなくても、人前に出るとすごく緊張するとか、寡黙になるなど、その周辺の人はあちこちにおられると思います。S子さんはいつかは話すでしょうし、

相応に適応しているように見受けられますから、このままでいいのではないかと思う人もいるでしょう。しかし、安定しているか否かを外見上だけで判断するわけにはいきません。S子さんは見た目で安定していても、現在の自分を変えたいとか、人中にいるとすごく緊張するのでなんとかしたいなどと思っているかも知れません。

今に至っては周囲の人達もS子さん自身も、既に「話さない人」という固定概念を作り、その枠内で行動するのが当然であるかのような閉じ込められた相互依存の関係で落ち着いているように思われます。そしてS子さんは、発言すれば相手が自分の内面まで踏み込んできそうな不安、ネガティブな対応で傷つくかも知れない不安などがあって自己防衛的に閉ざしているのではないでしょうか。S子さんは、まだ小学生で発達途上にいますから、これからの可能性の広がりを考えても、今の状態をほぐしてあげる援助が必要のように思います。

S子さんは、元々対人関係が苦手で、他人と話をしてきた体験が乏しいわけですから、人との接し方、話し方をどのように体験的に学習するかについて、不安や抵抗感を軽減しながら彼女に適った方法を工夫していく必要があるでしょう。

ここでは一般論的にならざるを得ませんが、考え方としては、人との関係で不安がなく楽に行動したり、話ができる場面を徐々に広げていき、最も困難な実際の学校場面まで辿り着くようにしていくことです。不安や緊張を克服して適応していくには、人との関係と場所との関係の両面に馴れていく必要がありますから、先ず、双方共に抵抗感の低い場面から何段階かに順次並べてみます。そして、それを組み合わせて治療的関わりのプログラムを作成するとよいでしょう。

ちょうど、共働きで小さい子を子守さんに預けて看てもらう時、不安をできるだけ小さくするために、子守のおばちゃんに自宅まで来てもらったり、お母さんが連れておばちゃんの家に行ったりのトレーニング期間をもたれるのと同じです。

S子さんの場合では、先ず最もリラックスできる所は自宅でしょうから、例えばそこに親しい友達に来てもらい、その場面を外に移して人数を一人二人と多くしたり、場所をさらに変えていったりするといいでしょう。私の関わった例では、学校側の配慮で子供たちがいなくなった放課後とか休日に学校で場面づくりをしたり、授業時間中に保健室や校長室で養護の先生や校長先生との関係づくりを組み込んだこともあります。また、対人関係が親密になってきた頃に、砂の上や紙に絵を書いたついでに筆談をして発言につながったケースもありました。

いずれにしてもS子さんがその気になって動くことが必要ですし、発言できる前には思いを表情や態度・行動に表出できることが大事ですから、その都度彼女ともよく話し合われることです。また、先生たちの声がけも加わって、S子さん自身が振り返ってみて難しいと思っていたことを克服してきている実感が抱ければ、自己有能感からさらに次のステップに進む意欲が湧いていくでしょう。そしてクリアすることによってS子さんは一段と成長していかれると思います。

22、落ち着きなく集団を乱す

問い

小5男児Kです。授業中は周りの子にちょっかいをかけたり、お喋りが多く、他の子の妨げにもなっていつも注意される状態です。サッカーなどゲームをしても自分の思うようにいかないと、ルールを変えたり止めてしまうので、仲間に入れられないことがあり、腹を立てて側にいた関係ない子を突き倒したことがありました。一方、好きなことや気に入ったことになると、食事の時間を忘れたり、朝着替えの途中でそっちに興味が移ってしまい、再々促さないといけません。

低学年の頃は、家庭的事情もあって、私も不安定でしたから子供に悪かったと思っていますが、学校でのトラブルが多く、病院を勧められて受診したら注意欠陥多動性障害だろうと言われ、しばらく服薬を続けました。その頃からすれば、学校ではずいぶんよくなっているとは言ってくださいますが、この障害は治るものでしょうか。どのようなことに留意して関わったらいいでしょうか。

回答

これまで保育所や学校からの連絡の度に身の細る思いをし、何回となく頭も下げてこられたでしょうね。しつけ方が悪いんじゃあないかと思われそうで周りの目が気になったり、自責の念も抱かれたり、特に幼児期は本当に大変だったでしょうと想像します。注意欠陥多動性障害ということですから、決してしつけを怠っておられたわけではなく、誰が親であっても育て難いK君なのです。

この障害名は、一般的に英語の頭文字からADHDと略して言いますが、多動な子は、これまで育て方など環境に起因するという考え方が一般的でした。ところが近年、神経科学の目覚ましい発達によって神経生物学的背景が明確になってきました。症状の柱としては三つあり、まず「不注意」で、持ち物などがよく見えなくなったり、課題や遊びが持続せず、周りの音などにすぐ影響されます。次に「多動性」で、目的がないのに立ち歩いたり、お喋りを我慢できないとか、座っていても絶えずどこかが動いています。三つ目は「衝動性」で、些細なことですぐ泣いたり、癇癪を起こすとか、順番を待つことができず、身勝手に会話や遊びの中に入って邪魔をするなどです。これらの行動特徴は他の子供にも見られることがありますが、不適応を生じることが頻繁であり、発達段階に照らしてふさわしくない行動が定着している場合を指します。

ＡＤＨＤ児は周りにはお構いなく自分のペースで動きますから、「だめだめ」「ちゃんとして」などと禁止したり、指示や叱責が繰り返され、時には感情をあらわに浴びせられることがあります。こうしたことからＡＤＨＤ児は自分の身勝手さには気付かず、自分の思いや欲求が満たされない不満や疎外感からさらに反抗的、挑戦的にエスカレートしたり、逆に誰からも好かれないだめな自分という否定的自己感情を抱くようになりがちです。

でも、それらの裏には認められたい強い気持ちや成長したい欲求が潜んでいます。ある折り紙の得意なＡＤＨＤ君（小四）の担任の先生は、プレゼントしてくれた折り紙を胸に付け、注意などメッセージを送りたい時には、言葉の代わりに折り紙に手をやるという彼との秘密の約束を交わしました。そして授業が終わった後、「よく頑張ったね」と誉めるようにしましたら、それを契機に派生的に変化が見られてきました。これは先生のサインが、「机に着く」という具体的でわかりやすい行動目標につながったことでもありました。

家庭は心を休める場であると共に、基本的なルールを覚えたり、セルフコントロールの習慣を身につける場でもあります。K君の日常生活について、彼と話し合って具体的な生活目標を小刻みにし、実行できるステップづくりを決めるといいですね。例えば、一つのことに集中するのを阻害しやすい食事中のテレビを考えるとか。そしてあるステップが定着するまで繰り返していき、誉めることを多くしていきましょう。また、間違った行動やルールに反することを注意はしても、必ずその代わりの望ましい行動や対人的スキルを丹念に教え、学習していけるよう励ますことが大切です。

成長発達しつつあるK君の支援のため、学校の先生とも協力し合い、また専門家にも相談したりしていきましょう。

23、兄弟揃って算数・数学嫌い

問い

中学生と小学高・低学年の三人息子ですが、揃って数学が苦手で、わからないから嫌いだと言っています。せめて基礎だけでも身に付けて欲しく教えるのですが、「何でそんなふうにするの?」「何の役に立つの?」と言い出す始末で、終いには「これは基本だから覚えればいいの!」と押し付けてしまいます。最近報道された数学・理科の国際比較で日本の子供は、「高学力だが、勉強は嫌い」とありましたが、わかれば嫌いでなくなると思いますのに、我が家にとっては羨ましいことです。学習塾に行くことも子供と話し合っていますが、中学生になったらもう駄目でしょうか? 何か参考になることがあれば教えてください。

回答

おっしゃるように、私も数学が嫌いと言う生徒に聞いてみますと、難しくてわからないからで、わかれば嫌いでなくなると言っていますが、成績のいい子に聞いてみますと、勉強が好きだとは言いませんね。

二〇〇〇年十二月に国際比較の数学・理科の教育到達度調査の結果が発表されました。それによりますと、日本の子供は、国際平均の遥かに上を行き最高レベルで、文科省は「生徒の学力は概ね良好」と評価していました。しかし、数学研究者の増島氏は子供たちの解答状況を分析してみて、「従来から指摘されている計算はできるが、応用力がないだけでなく、言葉を使って考えること、具体的な事柄から概念を作り上げたり、概念を用いて考えることが学ばれて来ていない」と、学力の危機を訴えています。

また、国際比較調査で数学・理科を「大好き」「好き」と答えた子供たちは、約半数しかいなく、三十七ヶ国中で下から二番目でした。「テストはできても、勉強は嫌い」という日本の子供の実態が示されました。

数学教育学会の調査では、算数嫌いが近年増加しており、小学六年では二十年前は一四％であったのが、三一％（九八年）に増加しています。文科省の調査（九八年）では、「勉強がよくわかる」「大体わかる」と答えた小学生は約七割いるが、中学生になると半数にも満たなくなっています。

少年院や少年鑑別所の少年たちに対する調査によりますと、勉強が面白くなくなってくるのは、小学三・四年生頃、分数が出てくる時期のようです。抽象的に考える作業がうまくできな

くて、学校が面白くなくなってくるようです。以前中学で学んでいたのが、小学三・四年に出てくるなど、今の学校教育の進度ではエリートづくりにはよくても、乗り遅れる子供たちを待って一緒に進む難しさがあり、子供も先生も本当に大変だと思います。認知の発達面から子供たちを見ますと、小学低学年の頃は、日常生活の中で具体的実際的な体験を通して考える段階ですから、算数も彼らが経験する生活と結び付けながら、その後のための基礎をしっかり時間をかけて学習させていくことが大事です。

小学生のお母さん方の座談会で、「私が教えるとすぐイライラしてくるから、お父さんに代わってもらうの」「うちの主人も結局『このやり方を覚えとけ』って押し付けてしまうの」等と、家庭でも親子奮闘状態が話題になっていました。「小学時代なら親が付いて何とかやっても、中学高校になったらどうしようもないよね」と、先々の心配も出ていました。

女子高教師の仲本正夫氏は、何とか数学への興味や関心、やる気を起こさせたいと、微積分の課題で折り紙の箱作りや放物線ゴマ作りに挑戦する授業を展開しました（『学力への挑戦』労働旬報社）。そして、学級通信『数学だいきらい』に毎回載る生徒たちの感想には、「こういう授業のやり方がヒジョーに楽しいのだ」「数学が嫌いな私が、ここまでできたのはウソみたい」等と書かれています。

子供にとって本来学ぶことは楽しいはずなのに、勉強が上から強いられる形の今の過密教育のあり方に大きな問題があると思いますが、算数、数学に限らず、子供たちの「何のための勉強か？」「何に役立つのか？」の問いには誠実に対応し、彼らが実感してわかるように共に考えていく時間と心のゆとりを持ちたいものです。

24、いじめられている様子の小六男児

問い

小学六年になる知人の息子N君のことです。最近カバンや服を汚して帰ったり、ノートにいたずら書きがあったりするようですが、これは一度や二度ではないみたいで、母親が聞くと転んだとか、ちょっと悪さしただけだなどと曖昧な返事で言いたがらないようです。いじめられているのではないかと父親に相談したら、やり返したらいいじゃないかと他人事のように言うだけで、取り合ってくれないとボヤいています。先生に相談した方がいいのではないかと思うのですが、どうでしょうか。

回答

我が子がいじめられているかも知れないと思ったら、本当に心配で不安になりますね。

いじめの問題では、世間に大きな波紋を投げかけ、国会でも取り上げられた愛知県での自殺事件がありましたね。一九九四年の暮れも近い頃、中学二年の大河内清輝君は「いじめられお

金をとられ続けた」という内容の遺書や大学ノート十五ページ分の旅日記を残していました。彼は執拗に死の恐怖や辱め体験などのいじめを受けながらも誰にも言えず、むしろ学校では問題児グループの一員に見られていた面もあったのです。

このようにいじめ問題は、被害者が自殺に追い込まれる大変痛ましい事件も相次いでいます。だとしても、そこに至るまで家族も教師もそれに気付かないでいた事例が非常に多く、結果として親や関係者は「なんで発していただろうサインに気付いてやれなかったか」という後悔と自責の念にかられます。そして「うちの子は大丈夫か」と、世の親たちに不安をもたらす大きな問題となっています。

いじめは複数でまたは強者が一人の弱者をいじめるもので、嫌な思いをしているいじめられっ子の思いを基準に捉えていく必要があります。いじめている側には、相手の思いには関係なく、欲求不満のはけ口やふざけ半分であったり、相手の痛みを知るどころかむしろ面白いとも言っている程、罪意識は薄いのです。また、文科省が発表した調査結果では、いじめを見聞しても五割の子が関わらないようにしていると答えていますが、実際には、ほとんどの子供たちが傍観者か無関心を装っているのが実態だと思います。今の子供たちは、モラルとか正義感や連帯感の育っていない集団（群れ）で、いじめの矛先が容易に方向転換しますから、安易な口出しはしたくないと思っているのが大半でしょう。でも、いじめは人道上の差別であり、放っ

ておけませんね。
いじめられても、思春期の子供たちの大半が、先生や親たちに打ち明けません。彼らは、自分がコンプレックスを抱いている弱点を突かれて、変に納得してしまっていたり、親に心配かけたくない気持ちがあったり、大人はアテにならない、つまり仮に話しても解決につながらないことを知っているからです。また、親・教師ら大人の権威に対する反発や親から自立したいのに逆に頼るのは、自分に許せないという思春期としての強い自尊感情があるからです。
まず、お子さんには、いじめはみんなに共通している課題であり、勇気ある訴えが、他の人に勇気を与え、みんなを成長させる発端にもなること等々励ましながら、彼の話をじっくりと聞いてみてください。その中から事実関係をつかむことが大事です。そして、直接いじめをする人との関係だけで解決しようとするのでなく、いじめは許さないというみんなの力を育てなければ、いじめは解決しないし、傍観者は暗黙にいじめ側の応援団となっていること、モラルとか連帯感など成長していくための共通課題でもあることを、本人はもとより周りの大人も子供もしっかり認識していく必要があります。単なるいじめ問題として捉えず、これは様々なことに通じる基本的な人権教育という大きな課題であり、そのいい機会でもあると思います。

そのために、先生に保護者会の役員とか有志の人を交えて話し合いを申し入れられたらどうでしょう。先生も学年集会を開いたりされるに当たっても、子供たちが本気になっていくためにも、父母のやる気や協力があると大きな力になるはずです。

25、家庭内暴力の小六男児

問い

私たちとは別に親子で住んでいる小六の孫のことですが、両親は共働きで父親は二年前から単身赴任です。孫は明るく真面目で問題のない子だとばかり思っていましたが、ひょっこり家庭訪問した時、荒々しい凄い声と共に物の壊れる音が聞こえてびっくりしました。母親に聞いてみると、学校を時々休み、母親の些細な言動で罵声を浴びせたり、物を投げるなど荒れるようですが、時には幼児のように甘えるというのです。母親は、家の中の恥をさらしたくない気もあって、誰にも相談していないようです。

回答

おばあちゃん、「まさか、あの子が……！」と、びっくりされたでしょうね。お母さんは誰にも言えず独り悩んでおられたでしょうが、おばあちゃんに話ができるきっかけができて、よかったでしょうよ。これは二人のそれぞれを誰かが助け支えてあげないと、さらに心配な方向に発展しかねません。

先ず、お孫さんの状態から考えてみましょう。

年齢的にこの時期は思春期前で、底を流れる成長マグマが活発に動きだして、心身に変調を来しはじめており、自分の変化に驚きと不安を抱いたり、いろんな自分が心の中を錯綜するようになります。そして、人の言動にも内面的にも過敏になり、大なり小なり感情が苛立ったり、精神的にも不安定になりやすいですね。

真面目で敏感なお孫さんですから、先生や親がどんなことを期待しているかを感じ、それが彼にとっての価値基準であり、これまではそれに基づいて順調に成長してこられたのでしょう。そんな彼につまずきが生じたのです。でも、どんなことなのか、何にイライラしているのか、本人自身もわけがわからない状態だと思いますよ。今原因探しをやってみたところでどうしようもありません。

彼はやり場のない苛立ちを、一番ぶつけやすいお母さんに向けているのですが、いったん感情が爆発すると何もかも腹立たしくなって、何か言えば腹を立て、黙っていれば腹を立て、「なんでオレを産んだんだ」などと難癖をつけたり、興奮が興奮を呼んで暴力がエスカレートしかねません。その時は、彼の興奮を鎮めるためにも身の安全のためにも、その場から緊急避難することが必要だと思います。

興奮が鎮まると、今度は逆に心の片隅にあった罪の意識が頭を持ち上げ、不安や嫌悪感が襲ってきて、お母さんに甘えるのです。その時はちゃんと受け止め、彼の苦しさ悔しさを一緒に分かち合う気持ちでいることや、彼には彼の良さがあること、自分らしい生き方でやればいいこと等々しっかりと伝えていくのです。彼を支え安定させていくのは、正面から真剣に向き合ってくれる親でしかありません。甘えてきたのでこの際と、悪いところを指摘したり説諭は禁物です。しかも親に代わって誰かが言えば、その人が帰った後は「お前が呼んだんだろう！」と暴力は倍加します。

お孫さんが内的に変化して一定の落ち着きを取り戻すまでには、それ相応の期間が必要です。その間お母さんを一人にしておいては、わが子から責められ、暴力を振るわれ、堪え難きに耐え、心身共に疲れてしまって、冷静に対応するなんてとてもできるものではありません。お母さんの気持ちが安定し、ゆとりがもてるように誰かが支えるという、周囲からのサポートがどうしても必要です。ご主人と力を合わせていくのは当然ですが、普段は単身赴任で不在ですし、下手に本人と関わると逆効果にもなりかねません。ぜひとも専門の相談機関、児童相談所、精神科、心療内科などを訪れるようにしてください。また、同じような悩みを抱えておられる親同士のネットワークも地域によってはありますから、思いきって参加してみたらいいと思います。取り敢えず電話相談機関もあります。

おばあちゃんとしては、お母さんが自分を責めて卑屈になったり、閉鎖的にならないよう、そして親子でこの難所を乗り切られるよう励ましてあげてください。ここを乗り越えられた暁には、親子共々一段と成長された姿が見えるでしょう。

あとがき

子供は放っておいても社会的環境の影響を受けながら成長していずれは大人になっていきます。その過程は今も昔も同じですし、子供ごころも本質的には変わっていないと思います。作家の森村誠一氏が、子供にとって母親は肌着のような存在であり、父親は屋根のような存在であると本来的な親子関係をうまく評しています。特に小さいときには母親のスキンシップによる温もりのある関係が大切ですが、母親自身にそれ相応のゆとりが必要です。子供は少し大きくならないと風雨から守られている屋根の存在に気づかないのですが、昨今の激しい風雨で屋根が傷んできています。

最近の気になる新聞記事を拾ってみますと、全国の児童相談所が受理した児童虐待が四万件を超えたこと。アメリカの金融機関崩落の危機と経済不況による解雇者激増の予告、大手企業は数千億円の利潤を上げながらも昨年より減少ということで数千人の派遣社員の雇い止め。日本の一人親の貧困率は世界先進国の最高位で半数強が貧困層。自殺者が十年連続三万人超過などです。これらを見ると、親はわが身を削るほどの非常に厳しい生活を強いられている実態が示されているように思います。親は子供が健やかに育って欲しいと願いながら自らにゆとりのない関わりになり、発達途上の子供にとっての危機を感じます。これは自己責任の論理では片付けられない問題です。地域社会や行政などによる社会的責任としての支援活動の広がりと充実が望まれ、既に各地で公私による大小様々な取り組みもなされつつあります。

子育てには短期的・個別的視点あるいは目標だけでなく、こうした長期的・社会的視点あるいは目標も必要だと思います。森の木の枯れた葉や枝を取り除くことばかりしていても限りがなく、その土壌など環境上の配慮が必要でしょうし、目の前のことに追われ自己責任論に目を奪われているうちに、それが大河に浮かぶタライの中であることに気づかず、いつの間にかとんでもないところに流されていたのでは大変です。

一方、子育ては目の前の子供に対してどう関わるかは毎日のことであり、その際のノウハウがつかめれば、親としてはずいぶん気持ちが楽になるでしょう。

掲載した子育て回答は、こうした長期的・社会的視点と短期的・個別的視点にできるだけ配慮してわかりやすく記述したつもりです。

この掲載の大元になる「レディスますだ」発行の月刊タウン誌「Nice to Meet You」は、一九九一年にＮＴＴ主催の「全国タウン誌フェスティバル」で全国から約六〇〇の応募の中からベスト十四冊の中の奨励賞に選ばれ、発足から二十年を越えて今日なお元気に続いていますが、これを二人の女性で維持・継続しておられるのだからすごいと思います。私の妻が設立当時から知り合っていて、勝手に市民のタウン誌としてできることは協力したいと妻に言っていましたが、やっと動き出したのが残念ながら妻の急逝に背を押される思いからでした。以来、毎回定例のように締切日に間に合わず、何度かは翌月に飛ばしてもらったこともありましたが、スタッフのお二人には気をもみながらよく我慢して待っていただきました。転載も快く了承していただき、お陰でこうして書籍としてまとめることができましたことはこの上ない喜びです。改めて「レディスますだ」の石橋静子さん、永岡しもえさんに厚くお礼を申し上げます。

安部利一

二〇〇八年十一月

あっ、そうか！　気づきの子育てQ&A
乳幼児期・学童期50例集

2023年7月31日発行　　著　者　安部利一
発行者　向田翔一

発行所　株式会社22世紀アート
〒103-0007
東京都中央区日本橋浜町3-23-1-5F
電話　03-5941-9774
Email: info@22art.net　ホームページ：www.22art.net

発売元　株式会社日興企画
〒104-0032
東京都中央区八丁堀4-11-10 第2SSビル 6F
電話　03-6262-8127
Email: support@nikko-kikaku.com
ホームページ：https://nikko-kikaku.com/

印刷
製本　株式会社PUBFUN

ISBN：978-4-88877-238-9